中国海洋文化
丛书

沧桑沉浮砺志进

——近代船政的发展

陈贞寿 著

中国大百科全书出版社

图书在版编目（CIP）数据

沧桑沉浮砺志进：近代船政的发展/陈贞寿著. --北京：中国大百科全书出版社，2018.12

（中国海洋文化丛书）

ISBN 978-7-5202-0418-7

Ⅰ. ①沧… Ⅱ. ①陈… Ⅲ. ①造船工业—工业史—中国—近代 Ⅳ. ①F426.474

中国版本图书馆CIP数据核字（2018）第293614号

《沧桑沉浮砺志进——近代船政的发展》

策划编辑：徐世新
责任编辑：程忆涵
责任印制：邹景峰
装帧设计：周旻琪
出版发行：中国大百科全书出版社
社　　址：北京阜成门北大街17号
邮政编码：100037
电　　话：010-88390718
网　　址：http://www.ecph.com.cn
印　　刷：北京美图印务有限公司
开　　本：710mm×1000mm　1/16
字　　数：70千字
印　　张：8
印　　数：1～2000册
版　　次：2018年12月第1版
印　　次：2018年12月第1次印刷
ISBN 978-7-5202-0418-7

定　　价：28.00元

第一章 中华民国时期的海军和船政

第一节

中华民国北京政府时期
的福州船政局

一、在北京政府任海军要职的船政出身的将领

黄钟瑛

　　原由孙中山任命的海军总长，海军上将。袁世凯任命他为海军总司令。船政驾驶班十一届毕业。

萨镇冰

民国元年任吴淞商船学校校长，后任督办淞沪水陆警察事宜、陆海军大元帅统率办事处办事员、粤闽巡阅使。六年一月至六月、八年十二月至十年五月任海军总长并一度兼代国务总理，海军上将。民国十一年五月被北京政府授为肃威将军。船政驾驶班二届毕业。

程璧光

宣统三年程率舰赴英参加英王加冕大阅海军典礼，后转赴美国、墨西哥、古巴访问，慰问华侨。辛亥革命未参与，民国元年夏率舰抵沪，退居上海。二年春任海军高等顾问。三年五月任陆海军大元帅统率办事处参议。五年六月至六年六月任海军总长，先中将后升海军上将。府院之争时，率海军第一舰队南下护法，任孙中山军政府海军总长。1918年2月26日在海珠码头被刺身亡。

刘冠雄

北京政府首任海军总长（民国元年四月至五年六月），民国六年七月至八年十二月复任。船政驾驶班第四届毕业。海军上将。曾兼任南洋巡阅使、福建镇抚使。1924年被授为熙威将军。

李鼎新

民国初任海军部少将参事、海军总参谋长。黄钟瑛病卒后继任海军总司令，升海军中将。十年五月至十三年九月任海军总长，授海军上将。船政驾驶班四届毕业。民国六年被北京政府授为曜威将军。

蓝建枢

民国元年任海军左司令、第一舰队司令，后任海军参谋处长、海军编史监修。船政驾驶班三届毕业。1918年3月升海军总司令，授海军中将。1921年7月被北京政府授为澄威将军。

严复

北京大学首任校长，民国初兼任海军部、编译处总纂。船政驾驶班一届毕业。

林葆怿

民国元年九月任海军部少将参事。次年七月任练习舰队司令，后任海军第一舰队司令。府院之争时随程璧光南下护法，后任南方军政府海军总司令。船政驾驶班九届毕业。民国十一年七月被北京政府授为葆威将军。

陈恩焘

　　原闽江要塞总司令，辛亥革命时同情革命，后任福建都督府外交司司长，民国二年任厦门海关监督兼外交部特派厦门交涉员。民国七年任海军部海政司司长、军务司司长，旋兼海道测量局局长，为中国收回海道自测主权。海军少将。船政驾驶班五届毕业。

李景曦

　　民国初任驻英海军留学生监督。民国六年在美国考察海军军械及海军教育，民国九年任海军部军学司少将司长。十年任巴黎和会中国海军代表。十二年任海军第二舰队司令，后兼任淞沪海军司令。十六年任海军总参谋长。船政驾驶班十四届毕业。

魏瀚

　　造船总监，海军中将。民国三年兼代驻英留学生监督，曾任汉粤川铁路参赞。1922年致仕。船政制造班一届毕业。

在北京政府海军任要职的船政出身的人员（部分）

姓名	毕业届别	海军职务
刘冠雄	驾驶班四届	海军总长，海军上将、将军府熙威将军
黄钟瑛	驾驶班十一届	海军总司令，海军上将
萨镇冰	驾驶班二届	海军总长兼代国务总理，海军上将、将军府肃威将军，福建省长
程璧光	驾驶班五届	海军总长、海军总司令，海军上将
李鼎新	驾驶班四届	海军总司令、海军总长，海军上将、将军府曜威将军
蓝建枢	驾驶班三届	海军左司令、第一舰队司令、海军总司令，海军中将、将军府澄威将军
徐振鹏	驾驶班八届	海军右司令、第二舰队司令、练习舰队司令、海军部次长兼总务厅长，海军中将
吴应科	驾驶班八届	海军右司令，海军中将
林葆怿	驾驶班九届	海军练习舰队、第一舰队司令，南方护法军政府海军总司令、总长，海军中将、将军府葆威将军

姓名	毕业届别	海军职务
李景曦	驾驶班十四届	海军部军学司司长、第二舰队司令兼淞沪海军司令、练习舰队司令、海军参谋长，海军少将
陈恩焘	驾驶班五届	海军部军务司司长兼海道测量局局长，海军少将
林颖启	驾驶班二届	海军军港司令，海军中将
黄裳治	驾驶班四届	海军部参谋、海军军械长、海军部视察，海军少将
魏瀚	制造班一届	造船总监兼代驻英留学生监督、汉粤川铁路参赞，海军中将
陈兆锵	管轮班二届	轮机中将，江南造船所所长、福州船政局局长、海军飞潜学校校长、福州海校校长
刘冠南	管轮班二届	轮机少将，海军总司令处总轮机长、江南造船所所长，后晋海军轮机中将
林颂庄	驾驶班十四届	"海筹"号上校舰长、海军第一舰队司令，海军少将
周兆瑞	驾驶班十一届	舰长、海军第一舰队司令、海军少将
王齐辰	管轮班二届	江南造船所所长、海军总轮机长、海军第一舰队轮机长
严复	驾驶班一届	海军部编译处总纂
李和	驾驶班一届	南京海军军官学校校长、海军部少将参事、海军部次长，海军中将
李田	驾驶班一届	黄埔海军学校校长
邓聪保	驾驶班二届	海军部少将视察、广东海校校长
吴德章	制造班一届	海军部技正、造舰总监
沈希南	驾驶班十四届	海军部技正
陈林璋	制造班一届	海军部技正、海军制造学校校长
郑诚	制造班一届	海军部技正、海军造舰大监
郑清廉	制造班一局	福州船政局局长
曾瑞祺	驾驶班九届	海军部军需司司长、少将视察、烟台海军学校校长
何品璋	驾驶班四届	海军总司令处军需长、军衡长，海军部军务司司长，海军总司令公署参谋长
王建廷	驾驶班十六届	"联鲸"舰中校舰长，"建安""靖安""海筹"舰上校舰长，海军第二舰队司令。海军少将
贾凝喜	驾驶班九届	海军部科长，海军总监
许继祥	驾驶班十二届	海军部副官、视察、军法司总执法官，海道测量局局长，后兼海岸巡防处处长
刘冠同	制造班四届	海军造舰大监
宋文翙	驾驶班八届	海军舰长，海军少将

续表

姓名	毕业届别	海军职务
周光祖	管轮班九届	海军部科长、副官、视察
吴光宗	驾驶班十二届	海总参谋、租船处副监督、海道测量局局长

二、福州船政局

停办数年的福建船政1912年改称福州船政局，一年四易其长，造船工程实已停滞。1913年10月，刘冠雄入闽，决定收归部管，并购外商土坞一座，后定名为第二船坞。局领导提出改革，亦计划制造小型浅水艇、浅水炮舰，终因经费困难，继续处于半停产状态，业务日趋衰落。

福州船政局大门前的石狮
原福建船政衙门前的石狮移此。

（一）北京政府时期福州船政局历任局长、副局长

北京政府时期的福州船政局

陈兆锵
轮机专家，福州人，船政留英毕业生。1915年升海军轮机中将，曾任江南制造局局长。1915~1925年任福州船政局局长。

马德骥
原船政工务长升任福州船政局局长。

刘懋勋
福州船政局副局长，海军造舰大监。

姓名	职务	出身	任职时间	离职原因	备注
局长	郑清廉	船政第一届留法	1914.10	辞职	清末会办船政
副局长	刘懋勋	船政第一届留法艺徒	1914~1915	调任	原船政总监工升任
局长	陈兆锵	船政留英学生	1915~1925.6	调任	原江南制造局局长
局长	马德骥	江南水师学堂	1925.6~1927	调任	原船政工务长升任

（二）北京政府时期福州船政局的设备规模

机构名称	生产任务	机器设备	占地面积（平方尺）	人员数目	备注
工程处	调度管理船政工程事务	图件书报仪器等			
绘事院	主持船式测绘、设计事项	各种图具仪器		50~60	
模子厂	制造造船、造机模型	各种木机器21件	15120	160	
铸铁厂	铸造钢铁机件、化验钢铁	机器、锅炉11座	28875	常定160	
船厂	制造造船、造机木器	一切机器与模厂通用	156400	最多15	
铁胁厂	制造钢甲船壳、钢钉、泡钉	大小机件15副	78995	800	
拉铁厂	冶炼钢铁、铜等	大小机件57副，炉57座	95000	400	
锅炉厂	制造锅炉、烟筒、管表	大小机件41副	300000	350	
帆缆厂	造运帆索、帆布	专用手工，不设机件	18490	80	
砖灰厂	烧炼砖、瓦	只备炉窑工具		不设固定工	
合拢厂	机件装备	机器与各厂通用		不固定	
轮机厂	轮机合拢、校准	大小机件223副	23248	360	
储炮厂	收储各船炮械、炮弹、鱼雷等		2060	2	
船坞处	勘验船舶水底工程	大、小抽水机，潜水工具		不固定	
电灯厂	供应电力、电灯	150千克电机2台		固定10人	1922年始设立
广储所	收发、保存资料	运输工具	50000	约120	
飞机工程处	试验资料、制造飞机	添置工具通用各厂设备		约200~300	
起重机水坪	起吊笨重机件、材料	设有100米长码头和30吨起重机			

表内所列工人数，系指工程最兴盛时而言。表内所列占地，数目前后有所不同。机件种类名目甚多，不及备考。表内工作种类多不胜述，仅简略述之。

资料来源：《福建新通志·船政志》、韩玉衡《船政局始末记》（抄本）。

二号船坞

原向美商购买的船坞，曾由部拨款修造，历时5年，费绌中止。1933年韩玉衡接长，继续修造，坞长增至375英尺，坞门上宽61英尺，下宽48英尺，1936年4月竣工，钢筋混凝土新坞名二号船坞。（原坞最早为英商所筑的天裕船坞，1891年转售美商。）

福州船政局钟楼

"海鹄"号

炮艇，1918年完工，规格同"海鸿"号。两艇于1933年拨交实业部作为护渔艇之用。

北京政府时期福州船政局仅造的两艘船
（1913~1926）

船名	船型	排水量（吨）	马力	备注
海鸿	小型浅水艇	190	300	炮艇
海鹄	小型浅水艇	190	300	炮艇

另承揽一些内河商船，修理"楚观""海容""应瑞"等近20艘舰船，拆解"南琛"号巡洋舰。

1917年造海军测量船

因后续款项不继而停工作废。

北京政府扩建的福州船政局轮机厂

沧桑沉浮砺志进

实业部护渔办事处所属巡艇校阅

　　前面两艘即福州船政局所造的"海鸿""海鹄"号炮艇。1937年为阻绝日军登陆，自沉于浙江海岸大射山。

即将拆解的"南琛"号

　　光绪九年由德国制造，长280英尺，宽36英尺，排水量1915吨，吃水17英尺，卧机2台，烟管蒸汽锅炉4座，大小炮16门，拆下变卖充作经费。

福州船政局舾装码头一角

"海鸿"号

　　浅水炮艇，1917年完工，长108英尺，宽17英尺，深9.6英尺。航速11节，2门37毫米炮，两挺机枪，乘员22人。

（三）福州船政局附设飞机制造处

福州马尾不仅是中国近代造船工业与近代化海军的发源地，而且是中国近代航空工业的摇篮。中国最早的飞机制造处就设在马尾。

福州船政局附设飞机制造处

曾贻经

飞机制造处副主任。与巴玉藻、王助、王孝丰等原由载洵、萨镇冰出洋考察时带往英国留学，转赴美国后同入麻省理工学院学习航空工程。曾贻经先入寇蒂斯飞机制造厂，回国后任马尾飞机制造处副主任。

巴玉藻（1892~1929）

飞机制造处主任。蒙古族，生于江苏镇江。南京水师学堂出身，先后留学英国、美国。1916年获得麻省理工学院航空工程学硕士学位，后被美国通用飞机厂聘为总工程师，又被寇蒂斯飞机厂聘为设计工程师。1917年抱着"科学救国"的目的毅然回国，在马尾飞机制造处任主任，由他设计制成中国第一架双桴双翼水上教练机。此后经他改进设计制造了多架飞机。1929年逝世，年仅37岁。

中国自制的第一架飞机——甲型一号（1919年8月）

这是一架拖进式双桴双翼水上教练机，高3.88米，长9.33米，宽13.7米，最大时速126千米，空机重836千克，载重1063千克，装油量114千克，飞行高度3690米，可航行3小时，航距340千米，乘员2人，可载炸弹4颗，其性能不亚于欧美各国飞机。

飞机制造处的工坊之一

巴玉藻（中）、王助（右）与曾贻经在"戊型三号"水上飞机前合影

制成水上飞机推入马江

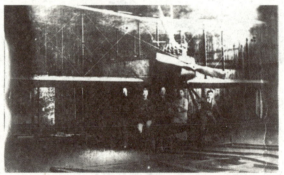

在巴玉藻、曾贻经领导下制造了中国第一批飞机

水上浮动机库

　　1922年由巴玉藻、王助合作设计，利用竹排，依次叠成，上盖木板，旁系铁链，抛锚江中，形同方舟，上有候机室等设施。这是世界上第一个"水上浮动飞机库"，成功地解决了水上飞机的停置问题。

飞机发动机试验

王助

　　马尾海军飞机制造处副主任，他与巴玉藻等人同由留英转入美国麻省理工学院学习航空，获得硕士学位。回国后立志开创祖国的航空事业。巴玉藻逝世后接任主任。

停在马江边的飞机

马尾飞机制造处遗留的飞机滑道残部

"江鳧"号（戊二）飞机（拖进式双桴双翼水上飞机，由马尾制成）正由沪飞甬

马尾海军飞机制造处制造一览表

制造年月	飞机名称	机型	用途	尺度（米）高	身长	宽	马力	最大时速（千米）	重量（千克）空机	载重	飞行高度（米）	续航时间（小时）	航行距离（千米）	武器 炮	机枪	鱼雷	炸弹	乘员人数	附注
1919.8	"甲型"一号	拖进式双桴双翼水上飞机	教练	3.88	9.32	13.7	100	126	836	1063	3000	3	340				4	2	1919年8月15日试飞时机损
1920.5	"甲型"二号	"	"	"	"	"	"	"	"	"	"	"	"				"		"
1921.2	"甲型"三号	"	"	"	"	"	"	"	"	"	"	"	"				"		1923年废
1922.1	"乙型"一号	"	"	3.88	9.20	11.49	"	130	825	1050	3440	"	360				"		1925年8月废
1924年春	"海鹰"一号（丁一）		海岸巡逻机				200												1924年6月试飞失事坠水
1924.4	"丙型"一号	拖进式飞船双翼	装炸弹并施放鱼雷	5.03	12.3	17.67	350	165	1910	1950	3660	6	850		1	1	8	6	
1925.4	"丙型"二号	"	"				"								1	"	"		"
1926.4	"江鹤"（戊一）	拖进式双桴双翼水上飞机	教练	3.75	9.15	11.50	100	130	813	1040	3600	3	390				4	2	1931年2月废
1927.1	"江贞"（丁二）		侦查兼教练	3.72	7.82	10.80	100	145	700	930	2970	3	450				4	2	
1927.4	"江鹰"（戊四）	拖进式双桴双翼水上飞机	侦查兼教练	3.72	7.94	10.80	120	165	620	920	4260	3	500				4	3	1931年2月废
1927.9	戊三	"	教练																
1928.6	"海鹰"二号（丁二）	"	装炸弹并施放鱼雷	5.29	21.95	14.06	350	177	1565	2430	4900	6	900	1	1	1	8	6	1931年2月废
1929.3	"海鸥"（丁三）		装炸弹并施放鱼雷				"								"	"	"	"		"
1930.8	"海雕"（巳一）	莱提式双翼水上飞机	侦查兼教练	3.78	6.28	10.98	165	177	730	1168	4800	8	1230				4	2	
1930.10	"江雁"（巳二）						"	"	"	"	"	"	"				"		"

三、在船政学堂基础上发展起来的福州海军各军校

辛亥革命中，福州成立"中华民国军政府闽都督府"，接管了马尾船政，船政附设的学堂仍名为船政前学堂和后学堂等。因6年未招学生，遂出示招考，最后录取180名，编入前学堂60名，后学堂120名（驾驶、管轮各60名）。学制仍沿旧制。1913年10月，船政归北京政府海军部管辖，学堂改名，亦归海军部直接管辖。

（一）福州海军学校

原船政后学堂，1913年10月改名为福州海军学校。原驾驶班改称航海班，管轮班改称轮机班，直接归海军部管辖，专门培养驾驶和管轮人才。1917年开始扩建，1920年3月，新校舍始建成。

福州海军学校校景

1. 福州海军学校历任校长（1926年合并以前）

姓名	出　身
王　桐	船政后学堂管轮班三届毕业，留法造舰专家
张斌元	船政后学堂管轮班四届毕业
陈兆锵	船政后学堂管轮班二届毕业，留英轮机专家

福州海军学校校门

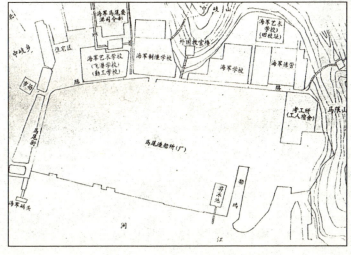

福州海军各学校位置图

注：海军马尾要港司令部系原船政衙门。

海军学校系原船政后学堂。

海军制造学校系原船政前学堂。

海军艺术学校系原船政艺圃。

2. 福州海军学校课程

航海班

天文	微积分
地理	驾驶学
几何	御风（气象）
代数	测学（测量）
平弧三角	演放枪炮鱼雷
重学（化学）	划船，游泳
重点	航海指挥操作，校课习毕派登练船习船艺。中文写作每周二三课时。此外均为英文课本

福州海军学校（后学堂）遗址已成为马尾造船厂堆料场

轮机班

算学	汽理
几何	行船汽机
三角	机器画法
代数	机器实习
化学	划船、游泳
物理	
备注	校课习毕先入船厂实习，后上船练习。中文写作每周二三课时。此外均为英文课本

海校学生与戴乐尔教官（少校，中）合影

3. 福州海军学校航海班毕业生

第一届　计23名	陈瑞昌　陈书麟　蒋兆庄　黄剑藩　沈聿新　罗榕荫　官　箴　林家熹　李有鹏　陈慕周　陈　洪　林祖煊　徐奎昭　张振藩　蒋　瑨　廖能安　卢诗英　王大恭　李　幹　梁振华（改名剑光）　杨崇文　陈孝枢　马世炳 　民国十九年五月毕业，统一改称海校十六年十一月班航
第二届　计18名	周伯焘　李寿镛　邵　仑　郭懋束　吕叔奋　林继伯　黄廷枢　赵梅卿　陈镜良　陈祖湘　郑克谦　周建章　张鸿模　陈炳焜　倪锡龄　陈孔铠　陈正望　魏衍藩 　民国二十年三月毕业，统一改称海校十九年六月班航
第三届　计15名	龚栋礼　薛奎光　陈庆甲　刘永仁　郑天杰　高　举　陈祖珂　陈兆棻　李长霖　薛宝璋　江澜（改名叔安）　刘崇端　孟绪顺　韩兆霖　林　溥 　民国二十二年八月毕业，统一改称海校二十一年八月班航

4. 福州海军学校轮机班毕业生

第一届　计23名	李贞可　陈保琦　黄　珽　黄道镁　刘友信　陈日铭　陈正焘　黄　璐 黄维銮　林　璧　张大谋　王学益　俞人龙　何尔亨　杨树滋　郑诗中 施　衍　邓则銮　扬　弼　陈家镛　李有蠡　林伯宏　陈文田 民国十五年七月毕业，统一改称海校十五年十一月班轮
第二届　计11名	董锡朋　卓韵湘　林　瑨　陈聿夑　许贞谦　林　贾　程又新　陶　敬 许　琦　林韵莹　任守成 民国十七年六月毕业，统一改称海校十七年六月班轮
第三届　计17名	官　贤　郑海南　柯应挺　张雅藩　周发诚　魏兆雄　陈　昕　郑贞和 阚晓钟　林巽道　陈荫耕　董熙元　萨本述　林　刚（改名子虞）赖祖汉 傅恭烈　高飞雄 民国二十一年二月毕业，统一改称海校二十一年二月班轮

福州海军学校的前身——船政后学堂

5. 福州海军学校附设军用化学班毕业生

李可同　黄良观　陈宗芳　丁　群　王衍绍 王衍铼　葛世柽　陈振华　郑礼新　林逢荣

注：1925年7月附设，学习检验军械及化验火药，1928年4月毕业。

（二）福州海军制造学校

原船政前学堂，1913年10月改名福州海军制造学校，主要培养造船工程人才，直接归海军部管辖。初期学制仍沿旧制8年4个月，后定为10年制，分初级、高级、特级3级制，每级各3年，实习1年，各门学科仍沿旧制，均用法文原本讲授。

福州海军制造学校（前学堂）遗址已成为马尾造船厂堆料场

原船政衙门仪门

　　左下为福州海军制造学校的前身——船政前学堂。右下为原船政衙门，两者之间有一座小门亭，是船政衙门的仪门。

1. 福州海军制造学校学制及课程

级别	年限	内（或校）课	外（或厂）课　中文
初级 （相当于高中 一二年级）	3年	数理化为主	体操、器械运动、拳术、射击，《四书五经》《官话指南》
高级 （有的称中级， 相当于中专程度）	3年	校课：专业的普通学科，如高等数学、平弧三角、力学、高等物理、化学、蒸汽机、电机、机械制造	厂课：每天上午进入船政局各工厂实习，轮机厂6个月；合拢厂、锅炉厂、木模厂、铸铁厂、拉铁厂、铁胁厂、船厂各3个月；舢板厂、帆缆厂各3个月。主要学钳工、木作、造型、锻造、看图、画样，达到设计、制造舰船的一般技术水平
特级 （一说高级， 相当于大学程度）	3年	着重专门学科的学习，如材料力学、化学、水力学、制船、制机等，最后课程为设计制造	
舰上实习	1年		

　　注：初期仍沿旧制8年4个月，即100个月，改隶海军部后，学制定为10年。

2. 福州海军制造学校历任校长

姓名	出　身	任职时间
陈琳璋	船政前学堂制造班第一届毕业生，留法	1912年任
陈长龄	船政前学堂制造班第三届毕业生，留法	1915年任

续表

姓名	出　身	任职时间
曾宗巩	天津水师学堂驾驶班第四届毕业，代理校长	1919年任
沈觐宸（筠玉）	船政前学堂制造班第六届毕业	1920年任
陈藻藩	造船专家，留英学习制造船炮	1921年至1926年

3. 福州海军制造学校毕业生

甲班　计12人	廖能容　张　功　魏子烺　张宝麒　叶燕贻　陈立庠　阮兆鳌　陈兆良　杨齐洛　郑寿彭　姚英华　陈自奇
乙班　计16人	郭仲铮　林家钺　林铿然　丁振荣　吴奋图　江继泗　金廷槐　黄　勋　汪培元　柯文瑛　张士森　蒋弼庄严文福　李毓英　王怀纲　何尔燧 注：江继泗，一说汪继泗；张士森，一说张森；蒋弼庄、汪培元后留法
丙班　计7人	方尚得　郑义莹　何　健　吴仲森　陈世杰　张宗渠　陈声其 注：甲、乙、丙三班同时于1921年夏毕业，传统作为船政前学堂制造班第八届毕业共35人，因此时船政前学堂名称早已不存在

（三）福州海军艺术学校

原船政艺圃，1913年改名为福州海军艺术学校。艺徒改称学生，其制仍以学为主，以工副之，工学结合，为专门培养技术工人的半工半读的职业学校，后来成为各海军学校的预备学校。

沈觐宸（筠玉）

船政前学堂制造班第六届毕业，福州海军制造学校校长。

海军艺术学校校舍

这是1915年在马尾前清铜元局旧址盖起的口字形平房，为海军艺术学校新校舍，东西两进24间，前面教室和办公室4间，后面中间为食堂等。1918年改作海军飞潜学校。

陈藻藩

烟台海军学校驾驶班第五届，未毕业前抽选赴英留学，福州海军制造学校校长。

1. 福州海军艺术学校课程

学制	4年
内课	初级工程课程，甲、乙两班法文课本，其他班英文课本
厂课	分派去船政局的轮机、锅炉、合拢、拉铁、铸铁、模型、木工等厂学工艺技术
时间	开办初期，以夜间学习内课，白天上下午几乎都是厂课，1917年添招的学生，每周厂课规定两天

2. 福州海军艺术学校历任校长

姓名	出身
黄聚华	1897年考入船政绘事院，毕业后任造船设计师
陈德隆	未详
刘栋臣	船政前学堂制造班第四届毕业，海军造舰大监
曾宗瀛	船政前学堂制造班第二届毕业，留法
马德骥	江南水师学堂管轮班第五届毕业，留英
陈大咸	烟台海校
马翊昌	船政前学堂制造班第六届毕业
萨本炘	船政后学堂管轮班第十二届毕业

3. 福州海军艺术学校毕业生

自1913年成立起至1935年停办止，仅毕业两班约40~50人（姓名不详），但转入海军航海、轮机、制机、造船、飞潜、无线电各科者不下数百人，转入国内各学校者亦以千计。停办时余下3个班120人，后转入私立勤工学校继续学习。教职员由海军人员兼任。

海军艺术学校校门

黄聚华

船政学堂绘事院毕业，福州海军艺术学校首任校长。

刘栋臣（冠同）

船政前学堂制造班第四届毕业，海军造舰大监，福州海军艺术学校第三任校长。

陈大咸

烟台海校出身，福州海军艺术学校第六任校长。

萨本炘

船政后学堂管轮班第十二届毕业，福州海军艺术学校末任校长，造船专家。

（四）福州船政局图算所

1913年10月，船政绘事院改称船政局图算所。以陈琳璋为所长，画图生改称学生，是专门培养工程制图人才的制图机构，前清留下旧生10余人，另招厂员弟子30余人。1916年因经费支绌，将16人送入海军制造学校肄业，其余遣散，该所停办。

福州船政局图算所（右楼上，今马尾造船厂厂史陈列室）

（五）福州海军飞潜学校

1918年成立的海军飞潜学校是中国最早培养制造飞机和潜艇专业人才的学校。将海军艺术学校法文甲、乙两班学生迁回旧校，英文甲、乙两班学生各50人编为海军飞潜学校甲、乙两班，另招50名编为丙班，后又添丁、戊两班各50名。不久将丁、戊两班归并于福州海军学校。

福州海军飞潜学校遗址之一（今马尾造船厂老人活动室）

原铜元局遗址
后扩建为海军艺术学校，1918年又拨作海军飞潜学校之用，今已成为马尾造船厂车场，一度曾为马尾莲峰小学。

1. 海军飞潜学校学制与教育课目

学制	学科	厂课	国文
8年4个月（即100个月）	前两年上午上学科，毕业前一段下厂，大部分时间学专业课	前两年下午上厂课，在船厂学钳工、车工、铸工、锻工等，毕业前参加飞机安装、船体放样、副机安装等	四书、白话注解、选读一些古文

福州海军飞潜学校专业课程设置

专业设置	飞机制造专业	潜艇制造专业	轮机制造专业
课程	热工学、高等数学、蒸汽机、材料力学、热处理、动力学、机械零件、机械原理、流体力学、飞机结构、飞机设计、航空发动机、气体动力学等	材料力学、轮机、电机学、高等数学、锅炉设计、流体力学、造船原理、机械原理、内燃机、实用造船学、船舶设计、制图等	热力学、电机学、高等数学、材料力学、锅炉设计、锅炉构造、内燃机制造、实用水力学、船舶结构、金属构造学、蒸汽机设计、汽机制图、锅炉制图、轮机制造等

2. 海军飞潜学校主要领导人和教官

姓名	职务	备注
陈兆锵	校长	船政局局长兼
黄承㻊	总教官，1925年兼代校长	兼轮机制造专业
余笃伍	学监	
巴玉藻	飞机制造教官	船政局飞机制造工程处主任
王孝丰	飞机制造教官	船政局飞机制造工程处副主任
王助	飞机制造教官	船政局飞机制造工程处副主任
曾贻经	飞机制造教官	船政局飞机制造工程处副主任
陈藻藩	船体制造教官	
叶芳哲	船体制造教官	烟台海军学校驾驶班一届毕业
袁晋	轮机制造教官	江南水师学堂管轮班五届毕业
孙筠	佐理官（中校），管全校教育	
××	学监（上尉），管学习生活	

陈长诚

马尾培养的具有工程师水平的第一批飞行员之一，海军飞潜学校第一届毕业生，亦是海军航空处第一届毕业生。

兼任海军飞潜学校校长的陈兆锵中将晚年照片

3. 海军飞潜学校毕业生

海军飞潜学校自1918年创办至1925年4月止，计毕业3届，共56名。1926年5月福州海军学校、海军制造学校、海军飞潜学校三校合并统称福州海军学校，但仍用飞潜学校办完航空班3届，称海军航空处毕业生。

海军飞潜学校学生在毕业前一段时间参加飞机组装

第一届机械 计17名	陈钟新　沈德熊　杨福鼎　黄湄熊　王重焌　郑葆源　王崇宏　陈赓尧　高清澍 刘桢业　丁　挺　施盛德　马德树　王宗珠　陈长诚　李　琛　揭成栋 民国十二年六月毕业
第二届造船 计19名	郭子桢　周亨甫　李志翔　张宗光　杨元楫　王光先　郑则銮　徐振骐　卢挺英 冯　钰　施　僖　欧　德　柯　幹　陈久寰　黄　履　吴恭铭　游超雄　李有庆 陈学琪 民国十三年八月毕业
第三届制机 计20名	林　轰　王　卫　王荣瑸　陈　薰　林若愚　郑兆龄　吴贻经　林泽均　沈毓炳 龚镇礼　陈长钧　傅润霆　陈　畴　薛幸璁　刘逸予　沈　继　林伯福　陈锡龙 叶可箴　罗智莹 民国十四年四月毕业

4. 海军航空处毕业生

第一届　计4名	陈长诚　何　健　揭成栋　彭　熙 民国十九年十一月毕业
第二届　计9名	许成荣　李利峰　林荫梓　苏友濂　唐任伍　梁寿章　许葆光　陈启华　任友荣 民国二十年七月毕业
第三届　计8名	傅恩义　庄永昌　黄炳文　陈亚维　傅兴华　何启人　李学慎　许声泉 民国二十三年十一月毕业

（六）北京政府派出的福州海军各学校留学生

北京政府统治时期，海军派出留学生与晚清有显著区别，清政府派出是成批的，前期主要是英、法，日俄战争后又大批派往日本。北京政府由于军阀混战，经费用于内战，根本无力成批派出，但对世界先进军事技术，如飞机、潜艇、无线电等仍极重视，间有派出，但人数不多。

海军航空处第三届毕业生校课考试

海军航空处第三届毕业生飞行考试

北京政府派出的船政学堂留学生

派出时间	人员姓名	船政出身	派出国家	备注
1913年3月	常朝幹	船政后学堂管轮班八届毕业	奥地利	学习新式水雷
1915年春派出，1916年10月返国	魏瀚 魏子浩 韩玉衡	船政前学堂制造班一届毕业 船政后学堂管轮班十七届毕业 船政后学堂管轮班十届毕业	美国	魏瀚带队，学习飞机、潜艇
1917年8月	李景曦	船政后学堂驾驶班十四届毕业	美国	考察海军教育及军械

注：1. 北京政府派遣的海军留学生约共63人，除上表所列船政出身的5人外，其他为烟台海校、江南水师学堂、天津医校等出身，此处不详列。

2. 民初曾派出驻英海军留学生监督施作霖，1915年10月施病卒，由魏瀚兼代。同年12月派王崇文为监督，1916年6月裁，1917年8月又派叶可梁兼理英、美海军留学生事务。

（七）中国海军的最早学术研究团体——海军制造研究社

1927年5月海军制造研究社成立大会来宾及社员合影

（前排左起）周恭良　陈大咸
来宾　来宾　来宾　来宾　来宾
萨镇冰　陈兆锵　来宾　来宾
王桂芳　王肇岐　何逸　曾贻经
（中排左起）何尔燧　巴玉藻
杨福鼎　张功　陈赓尧　王大铿
林伯福　柯文祺　朱耀　刘桢业
林君植　王宗珠　吴仲森　林铿然
杨成栋　陈立庠　王重焌　吴贻经
李志翔　罗智莹　阙凤铎　杨兆焜
黄聚华　吴杰　王超　何健

韩孟杰　袁晋　汪继泗　周葆燊　陈长诚　王助　沈觐宜
（后排左起）丁振坚　黄渭能　陈钟新　施盛德　郑则銮　高清澍　丁挺　来宾　陈大龄
王崇宏　曹绳武　陈德隆　沈德熊　吴德潜　郑寿彭

《科学画报》1933年12月版封面

制造研究社机关刊物——《制造》

第二节

九一八事变后的东北海军

1931年秋，日本帝国主义趁着资本主义各大国忙于应付国内经济危机而无暇东顾、国民党政府为内战所牵制的有利时机，发动九一八事变，经过4个月零18天，迅速侵占了中国东北三省。东北海军由强盛开始走向衰落而至瓦解。

一、九一八事变

（一）"田中奏折"的主要内容

1927年7月25日，日本首相兼外相田中义一秘密向天皇上一奏折，世称"田中奏折"。奏折称："明治大帝遗策，第一

1926年12月25日接过剑、玺在大正天皇柩前践祚的日本第124代天皇裕仁，在1928年11月10日举行的即位大礼上

期征服台湾，第二期征服朝鲜，第三期灭亡满蒙，以征服中国全土……""唯欲征服支那，必先征服满蒙；如欲征服世界，必先征服支那。"所谓满蒙，就是指奉天、吉林、黑龙江及内外蒙古。

田中义一（1864~1929）

日本军阀，曾参加甲午战争。1918年任陆军大臣，出兵西伯利亚干涉俄国革命。1927年组阁任首相兼外相、拓相（掌管殖民地事务），6月召开东方会议，蓄谋对华侵略。前后出兵山东3次，造成济南惨案。为日本军阀代表人物，曾拟"田中奏折"，为日本侵略中国、东亚地区、太平洋地区绘制了蓝图。

这个"田中奏折"说明了日本既定国策是以侵华和征服世界为目标，为实现此妄想，制定了两个政策：一为南进政策，即海洋政策，其目的在夺取琉球、台湾，囊括南洋各岛屿；一为北进政策，即大陆政策，其目的在征服朝鲜、并吞中国、占领亚洲全境。

中国及时获得此项密件并予以公布，当时日本虽极力否认，但其后日本之侵略行径证明田中的秘密奏折并非虚构，它是日本实施侵略扩张的秘密纲领。

（二）日本发动九一八事变，迅速侵占东三省

蔡智堪

抄录《田中奏折》者，中国台湾人。1928年赴日本，以补册工人身份进入皇宫书库，在整理书库时掌握了"东方会议"的记录（即《田中奏折》），便将抄录的会议记录分数次寄回中国，交张学良转国民政府，以揭露日本军国主义者的侵略野心。南京出版的《时事月报》一卷二期刊出《田中奏折》，举国震惊。

日军占领东北后将在中国掠夺的大量物资经大连港运往日本

日军用铡刀杀害东北抗日义勇军战士

被日军占领的东北边防军司令长官公署

（三）关东军卵翼下的"满洲国"

1932年3月8日在日本关东军导演下，清逊帝溥仪粉墨登场为伪满洲国"执政"。

1934年3月1日，伪满洲国改"执政"为帝制，溥仪成为皇帝，次年委日本吉冈安直中将为皇室总务长官，掌握实权。

伪满洲国国旗

伪满洲国"执政"溥仪

掌握伪满洲国军事实权的日本关东军司令部

民国二十三年元旦溥仪与日本关东军司令官菱刈隆合影

"比睿"号

溥仪访日乘坐的日本战列舰。

溥仪与日本天皇裕仁（左）在东京代代木练兵场阅兵

溥仪身穿龙袍在长春称帝

二、江防舰队附逆与"利济"舰反正

九一八事变时，东北海防第一、第二舰队一直驻泊于青岛和里长山岛，未受损失，只是江防舰队舰只小、远航有困难，除一部分官兵不甘附逆、登陆组织抗日义勇军外，大部人员连同"江亨"等舰都成为日寇的战利品。1932年4月，伪满洲国成立江上军司令部，江防舰队实权则操在日方手里，各舰皆派有日本少尉1名、无线电官1名加以控制。10月，"利济"舰反正，击毙日方人员，返航同江，将舰上武器搬上陆地作战。

（一）伪满洲国江上军

伪满洲国江上军司令部

姓名	职务
尹祚乾	司令官，原东北江防舰队舰队长（1931年10月回任）
范熙申	参谋长，曾任"江安"号舰长等职
吴钺	副官长
严昌泰	"利绥"号舰长
刘安国	"江清"号舰长
范杰	"利济"号舰长，曾任"利绥"号副舰长
赵文溶	"江平"号舰长
戚天禧	"江通"号舰长
黄勋	海军练营大队长，曾任"利绥"号舰长

伪江上军司令部旧址（今黑龙江航运管理局）　　　　在松花江上的伪满军舰

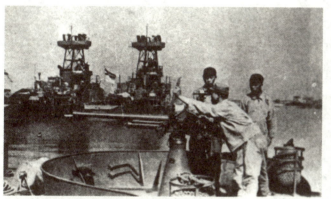

伪江上军军舰之一部　　　　举行海上分列式受阅的伪满洲国海军

伪满洲国新添的"顺天"舰

溥仪检阅伪满洲国海军时在"定边"舰甲板上

伪满洲国新添的"利民"舰

伪满洲国海警的"海凤"舰

原江防舰队的"江清""江泰"舰

伪满洲国的唯一远洋舰只"海威"号

伪满洲国新添的"定边"舰

原江防舰队的"江东"舰

在松花江上的伪江上军军舰

伪满洲国的江上舰队

（二）"利济"舰反正

"利济"舰虽被迫附逆，但广大官兵密谋反正。1932年10月中旬，当"利济"舰返航富锦途中，舰上士兵郑义宽、周万才、夏清山、刘云福、李文亭等人，在舰长范杰的支持下，将日方人员2人击毙、沉尸江中，返航同江，迅速将舰上武器搬上陆地，建立桥头阵地，并致电义勇军路永才旅，报告反正经过，受到路旅欢迎。

李杜

原依兰镇守使。九一八后组织自卫军抗日，被南京政府任命为吉林义勇军总司令，在吉林沿江山岳地带打游击战，声威远播。

范杰

福州人，"利济"舰舰长。率舰反正后，复由同江驶抵街津口，经吉林义勇军总司令李杜转报北平军委会分会，得到复电嘉勉，由是在街津口设立海军筹备处，任处长。后因力量悬殊于1933年2月退入苏境，辗转至新疆伊犁，返青岛后任第三舰队司令部中校参谋。

反正的"利济"舰

海军筹备处

地址：距同江县40里的街津口

处长：范杰（原"利济"舰长）

下辖3个大队：

第一大队大队长：郑义宽

装备：平射炮2门

第二大队大队长：周万才

装备：迫击炮2门

第三大队大队长：夏清山

装备：机关枪2挺

注：各大队步兵由义勇军路永才旅各补充100名。路旅收编"利济"舰，声势益加壮大，各地义勇军闻风归附，加强了抗日阵势。

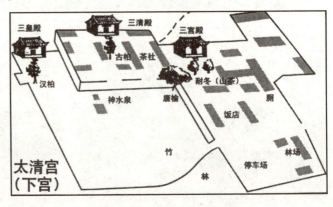

太清宫（亦称下清宫）布局图

三、崂山事变始末

九一八事变后，东北地区陷落，东北海军官兵对东北统治者执行蒋介石的不抵抗政策深表不满，海军财源亦随东北陷落而断绝，虽有南京当局补给，但杯水车薪无济于事。

崂山山上有一道观叫太清宫（亦称下清宫），苍松翠柏，风景幽美。东北海军多在崂山湾海面训练，司令沈鸿烈每次来，必下榻于太清宫。

九一八事变后，东北海军少将副司令凌霄、"海圻"舰长方念祖、"海琛"舰长刘田甫、"肇和"舰长冯涛、"镇海"舰长吴兆莲等几个高级海军军官，想拥沈鸿烈为青岛市长，割据地盘，就地筹饷，遭到沈的痛斥。沈以军人不参政为由，拒绝了夺取青岛的建议。

东北海军"海圻""海琛""肇和""镇海"4舰驻泊于崂山湾海面

崂山主峰
崂山离青岛15千米，海拔1000多米。

1932年初，凌霄等设便宴邀请沈鸿烈到太清宫议事，要求清发积欠的两三个月的军饷，并作最后一次净谏，又遭沈的拒绝。

凌霄等把沈鸿烈软禁在太清宫，宣布沈患重病，由凌霄代理海军司令。

崂山太清宫宫门

沈鸿烈被软禁处

太清宫内景

沈鸿烈被扣押，广大官兵，尤其葫芦岛海校第一期学生，因沈系学校创办人，认为凌霄等人以下犯上不道德，且未见夺取青岛行动，遂由水兵队一些低级官长关继周、张振育、张凤仁等经"海圻"副舰长董沐曾同意，组织敢死队到太清宫救出沈鸿烈。

沈鸿烈被救后，即把真相报告军委会北平分会，北平复电将凌霄、方念祖、刘田甫、冯涛、吴兆莲5人撤职查办。沈因念留日同学之谊，且又未加害自己，只宣布驱逐出境，自谋生路。北平分会并委沈鸿烈兼任青岛市长。

救沈有功的"海圻"
舰副舰长董沐曾

沈鸿烈（前排左一）兼任青岛市长后与抵青的
大批日本舰队军官合影

崂山事变后救沈有功人员都得到了晋升

姓名	职务变迁
董沐曾	原"海圻"舰中校副长，升任上校军衔处处长
姜鸿滋	原代海军参谋长，回任"海圻"舰长
戴奕秋	原"永翔"舰长，升任"海琛"舰长
王兰荪（兆麟）	原军需处长，调任"肇和"舰长
陈绳武	原军衡处长，调任"镇海"舰长
姜炎钟	原"肇和"舰副长，调升"海圻"舰副长
冉鸿翮	原大副，调升"肇和"舰副长
其他有功人员如关继周、杨超伦、唐静海、张凤仁等均分别升等晋级	

四、薛家岛事件

崂山事变后，留日派主要人物被赶出东北海军，旧渤海舰队人员得到重用，葫芦岛海校毕业的东北派人员被视为功臣，取得掌握舱面士兵和轮机的实权，而烟台海校毕业的东北派人员既升官又得到赏金。但未及年余，为了争夺海军领导权，东北海军内部又发生旧渤海舰队人员与葫芦岛海校、烟台海校人员争夺领导权的斗争，这就是1933年夏发生的刺杀沈鸿烈的薛家岛事件。

薛家岛在青岛对面，是东北海军夏季避东南风的良港，一部分海军人员要求沈鸿烈委以青岛行政机关各主管职位，并下令清除董沐曾等人。于1933年6月24日乘沈鸿烈赴"镇海"舰训话，将其劫往"海圻"舰，举行兵谏。凶手冯志冲被沈的副官一拳打入海中，后被处死。停泊在薛家岛的"海圻"等3舰官兵人心开始浮动。

冯志冲被处死后，以关继周为首的一批人，认为崂山事变仅把凌霄等人资送回籍，而对有功的人竟如此处理，愤愤不平，"海圻"舰副长姜炎钟（西园）等想趁机取得3舰的领导地位，提出离沈南下的主张。

姜炎钟（西园）　　　　沈鸿烈

南下投粤的"海琛"　　南下投粤的"海圻"
舰副长张凤仁　　　　继位副长唐静海

事变中驻泊在薛家岛海域的"海圻"等舰

3舰离青后，通电请沈下野，沈辞本兼各职。南京当局任谢刚哲为海军第三舰队司令，但未免去沈鸿烈的青岛市长职。

"海圻"等3舰向东南航行3昼夜，因"肇和"号煤、水不够，中途由"海圻"拖行，7月5日在珠江口外赤湾抛锚，后由"福安"舰长方念祖和"海虎"舰引导，驶进黄埔，投靠广东陈济棠。

中国最大的巡洋舰"海圻"号（4300吨）

  谢刚哲被南京政府任命为海军第三舰队司令后，南京海军部派第二舰队司令曾以鼎乘"逸仙"舰来威海，颁发第三舰队的关防，从此不称"东北海军"，但防务指挥系统和人事、经费、管理等仍直属军委会北平分会领导。第三舰队的防区照原来划分，由渤海一带到连云港。

  东北海军由于"海圻""海琛""肇和"3舰南下，只剩下几艘小型炮舰维持残局，司令部由青岛移设威海的刘公岛，组织人事亦作了调整。

海军第三舰队司令部调整后人事表

姓名	职务
谢刚哲	海军第三舰队司令，原东北海军总司令部参谋长
盛建勋	第三舰队司令部参谋主任
汪于洋	"镇海"舰长
曹树芝	"永翔"舰长
孟宪愚	"江利"舰长
李信侯	"楚豫"舰长
谢渭清	"定海"舰长
晏治平	"同安"舰长
刘　襄	青岛海军学校校长
袁方乔	原东北海军第二海防舰队队长，调青岛港务局局长
张赫炎	海军陆战队第一大队大队长，驻防青岛
李润青	海军陆战队第二大队大队长，驻防青岛
李毓成	青岛办事处处长
李国堂	长山岛办事处处长
李伯仁	南京办事处处长（原军委会海军处兼任）

  其他尚设有副官长一员，中校、少校参谋若干员，军需、秘书、军法官等若干人，不能编入正缺的，均列入参事室（下略）。

第二、第三舰队辖区分界处连云港

新任海军第三舰队司令谢刚哲（右一）与英国海军将领在一起

"逸仙"号

第三节
一·二八事变中的中央海军

九一八事变后，日本为转移国际视听、压迫南京政府完全屈服，于1932年1月28日在上海发动军事进攻，十九路军奋起抗战。被迫下野的蒋介石却利用这个机会，重新控制国民党政权，提出"攘外必先安内"的反动国策，下令中国海军勿配合十九路军作战。日本海军第三舰队司令亦来函谓"此次行动，并非交战，如中国海军不攻击日舰，日舰亦不攻击中国海军，以维友谊"。海军部遂密令各舰队

事变前日本已派军舰停泊在黄浦江口

"应守镇静"。海军的不抵抗行动，遭到了国难会议大部分成员的责难。

1932年1月18日，5个日本和尚经过杨树浦三友实业公司门前时，被日本女间谍川岛芳子收买的流氓殴打一死四伤，日侨2000余人示威请愿，捣毁中国商店，日本第三舰队司令盐泽反而要求中国赔偿并停止拒购日货行动。至1932年1月28日晚上，日本海军陆战队悍然向十九路军进攻，一·二八淞沪之战就此爆发。

一·二八事变中日本军主力是海军陆战队。

停泊杨树浦江南之日本军舰

停泊杨树浦公大纱厂（日军司令部）前之日本军舰

淞沪之战中的日军

川岛芳子（金璧辉）

　　川岛芳子是清朝肃亲王的女儿，后被致力于满蒙独立运动的川岛浪速收为养女，在一·二八事变中收买流氓袭击在华日本僧侣制造事端，协助溥仪之妻婉容逃离天津，组织安国军等。平日女扮男装，从事间谍活动。

"出云"号轻巡洋舰

　　日本海军第三舰队旗舰，停泊在上海日本领事馆前，日军司令野村植田、白川等均在此舰办公。

1932年1月30日满载佐世保第三特别陆战队的日舰"龙田"号驶达上海

日本海军精华蜷缩在装甲车后面

毫不勇敢剽悍的日本海军陆战队

日本海军陆战队在北四川路一带伺机袭击

停泊在镇江江面之日本战舰

日军司令部将海军陆战队编成中央、北部、虹口、西部及东部等5个警备队，部署完毕即向我十九路军的前方（北四川路）攻击，十九路军奋起抵抗。

日军开火后，即遭十九路军猛烈反击，日军损失惨重。

日本上海海军陆战队实力薄弱，初战失利，乃向日本政府请求增援，2月14日增派第九师团3万余人分乘7艘运输舰到上海。

国民革命军第十九路
总指挥蒋光鼐将军

国民革命军第十九路
副总指挥蔡廷锴将军

上海百老汇地区市民避乱

十九路军陈
铭枢将军

后来增援的国民党第
五军军长张治中将军

增援日军在上海汇山码头登陆

十九路军用37毫米反坦克炮射击日军战车

日本轻巡洋舰"夕张"号炮击吴淞炮台等地

2月1日，日海军在南京下关开炮。海军部令各舰长："日海军炮击狮子山炮台及京市与我海军无涉，非日舰炮击我舰，不准还击。"3日，上海日舰炮击吴淞各地，中国海军均奉令"不准还击"。

十九路军曾向海军江南造船所借钢板、大炮、弹药等构筑工事组织防御，均被海军当局拒绝。为保全在日本定制的"宁海"舰，李世

亲日分子李世甲

李世甲与李泽一一起秘密前往上海台湾银行会晤日本海军武官北岗大佐，最后以所谓中日亲善原则，赔偿日方船长抚恤费两万银圆等，满足了侵略者的要求。

甲等输送蔬菜等食品向日军慰问。有一日方商船强闯我高昌庙防线，被造船所哨兵击中，其船长福田重伤而死，日军要求惩凶、赔偿等，李世甲竟携同亲日分子李泽一秘密前往谈判，为保全中国海军财产而接受丧权辱国的条件。

由于海军秉承不抵抗政策，在淞沪抗战中按兵不动，加剧了国民党内部矛盾，1932年4月在国难会议上海军遭到谴责。

在国难会议上丁默村、李根源等42人提出召开临时紧急会议，以整饬海防，并取消海军部、改造海军。海军部长陈绍宽获悉后，上书行政院要求追究提案人责任。

议案主要内容：

一、重新设立海军海防建设委员会，将现有海军部及所属海军机关、学校、工厂一律取消。

二、现有海军高级负责人员一律罢斥，以谢国人。

三、现有海军中下级人员，重行审查录用。

四、另选精干人员赴英、美研求海军新学识。

亲日分子李泽一

云南讲武堂首任总办，国难会议提案人李根源

国难会议会址——洛阳广寒宫

停战会议

十九路军抗日阵亡将士陵园

五、将现有舰艇全部拍卖，所得兴建新舰。

六、现有海军经费逐月储存，备为新舰之费。

七、举办募集海军海防建筑捐2亿元。

八、另请专家编制海防建设计划。

经行政院会议讨论，认为提案属不明真相，实无计较之必要，此事终于不了了之。

3月24日，中日两国在英国总领事馆举行停战会议，5月5日协定签订。

叛变祖国的女特务金璧辉（川岛芳子）做尽坏事，1948年作为战犯被北平军事法庭处死。

川岛芳子（金璧辉）

一·二八阵亡将士之灵位

日军后送伤员

费尽心机仍难逃一死

第四节
南京国民政府时期的船政与海军学校

一、海军马尾造船所

南京政府成立后改福州船政局为"海军马尾造船所"。所里虽设有13个厂房车间，但规模日益缩小，生产有限，经费无着落，造船业务由南向北，主要归上海江南造船所承接，马尾造船所工人从1200人减到300余人。1930年4月，马尾失火，生产更受到影响，下令遣散学徒，每况愈下。1936年"二号船坞"虽竣工，但一年后抗日战争爆发，闽江口被封锁，造船业务几乎停滞。

海军马尾造船所组织编制

```
                    所长
   ┌──────┬──────┬──────┬──────┬──────┬──────┬──────┐
  工务处  文书股  会计股  考工所  广储所  陆地工巡队  水面工巡队
```

1935年的马尾造船所全景

二号船坞

1936年竣工的"二号船坞"，原长350英尺，增长为375英尺；坞门上向原宽58英尺、下向46英尺，增为61英尺与48英尺。

在坞上修造的小轮船

1927~1937年生产业务情况

生产项目		备注
挖泥船（土扒船）	1艘	
码头船	3艘	
"江仪""江凤"号	2艘	警用艇
小轮船	几艘	
造纸厂全套造纸机器		为福州港头造纸厂仿造
浮筒	几个	
修理"普安"等舰船及零星小轮船		仅1934年修舰艇27艘

创办长乐莲柄港溉田局

造船所因工程减少、经费不足，每周工作5日，工资下降，发生工人罢工等事件。海军在马尾曾设有铸币厂，盈利40余万元，遂创办长乐莲柄港溉田局，计收水费，虽缓和了当地干旱的威胁，但由于层层侵吞剥削，渠道常漏水，有的天旱得不到水利，引起纠纷，发生了械斗。

莲柄港第一厂屋之篷架

浮动码头

莲柄港抽水机之一部

莲柄港溉田局之室内内燃机

长乐莲柄港工程，总干线长3.4千米，中左干线长15.9千米，右干线长11.6千米，钢筋混凝土暗渠59条，桥梁82座，分水门68座，另有蓄水池一座容量220吨，受益地6万亩。

1929年夏，因急于收回投资，派海军陆战队驻沙京等乡，向农民强征水费，不愿交的被绑，释放时又勒索"上绑费""解绑费"，于是群情激愤，引起了13乡成立民团，海军陆战队官兵被击毙50余人。民团乘势占领长乐县城，提出"驱逐乱军出境"的口号，后民团内讧，海军陆战队遂卷土重来，大肆焚杀。

二、福州海军学校（后改名海军学校）

（一）前期海军学校

1926年5月，福州海军制造学校、福州海军飞潜学校并入福州海军学校，培育航海、轮机、军用化学等科人才。

海军学校校长夏孙鹏

1931年福州海军学校定名为"海军学校"　　海军学校正门

立者为学生陈宗孟。

1931年定名为"海军学校"，直隶于海军部。属于造船所的艺术学校奉令停办，在新校名未定前，仍以艺术学校名义办至1935年止。

1. 海军学校编制

海军学校编制表

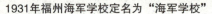

校长（少将）	教官	航海主任	正教官（中校）2	厂课教育（中尉）1
			副教官（少校）4	
			协教官（上尉）4	
		轮机主任	正教官（中校）1	
			副教官（少校）2	
			协教官（上尉）2	
		国文教官（少校）1	国文教官（上尉）1 国文教官（中尉）1	
		正操练官（上尉）1	副操练官（中尉）2	国术教员（少尉）1
	职员	训育主任（中校）1		
		学监（少校）2	庶务员（少尉）1	
		中医官（上尉）1 西医官（少校）1	司药1	
		书记官（中尉）1	司书（准尉）3	
		军需官（中尉）1		

海军学校历任校长

姓名	职　务
沈筠玉	1930.1，调任海军部技正、原代校长
夏孙鹏	1930.1~1931.4，校长、原部训练处处长
杜锡珪	1931.7~1933.12，校长，海军部高级顾问
朱天森	1933~1939.2，校长，原军委会海军军令处副处长
李孟斌	1939.2，校长，原海军马尾要港司令
高宪申	校长

杜锡珪
前海军总长，访问欧美回国后任校长。

高宪申
因在前线抗敌受伤，内迁桐梓时任海校校长。

朱天森
江苏甘泉（今扬州江都县）人，江南水师学堂驾驶班第四届毕业，留学英国。曾任"江利"等舰舰长，参加过辛亥革命，1933年至1939年任海校校长。在此之前任国民政府军事委员会海军军令处副处长，海军检阅委员会委员等职。

沈筠玉

黄显琪
训育主任。管理全校学生各项外勤事项，维持全校军纪、风纪。

海军学校
├ 教育
│ ├ 航海
│ ├ 轮机
│ └ 国文
└ 训育
　├ 斋务
　├ 医务
　├ 操练
　├ 文书
　├ 军需
　└ 杂务

海军学校系统表

郑颖孚
学监。管理、稽查学生勤惰，维持军纪、风纪。

叶进勤学监

周伯焘
学监兼校官，主要在桐梓时任职。马尾人。福州海军学校航海班第二届毕业，曾留学英国并赴日本监造"平海"号巡洋舰。他常教导学生"国防第一防线是敌人的海岸线"，认为制敌于未发方能保境安民。

2. 海军学校学制和学习课目

学制	8年4个月（即100个月），其中3个月试读不分科，修业期满休假1个月，实为8年			
			学习课目	
航海科	校课	5年	党义、国文、天文学、航海学、海道测量学、地文学、化学、应用力学、罗经差、物理学、力学、微积分、弧三角、高等代数、解析几何、平三角、几何、代数、算术、历史、地理、文法、英文、兵操、体育	
	舰课	1年	集中派舰学习船艺、练习航行、舰队编队、避碰章程及战术等	
	鱼雷	半年	集中到水鱼雷营学习水鱼雷等水中兵器的构造、用法、战术运用等	
	枪炮	1年	集中派舰学习舰用兵器、各式舰炮、机枪内外弹道、火药学等	
	实习	半年	分派各舰实习	
轮机科	校课	6年6个月	党义、国文、英文、文法、算术、历史、地理、代数、几何、平三角、物理、化学、力学、解析几何、高等代数、微积分、应用力学、射影几何、热力学、机械画、材料强弱学、机械学、冶金学、水力学、汽电学、锅炉学、蒸汽主力机、机炉舱实验及管理法、马力图说、辅机、透平机凉热用法、内燃机、电机工程、螺轮、锅炉设计、船机设计、造船大意、兵操、体育	
	厂课	1年	分派到各造船厂实习	
	实习	半年	分派到各舰实习	

3. 海军学校校景及日常活动

校景之一

校景之二

星期日校阅

海军学校学生在进行队
列操练

海校学生陆操训练

星期日校阅

海军第一届联合运动会在马尾海校大操场举行

校景之三

海军运动会开幕式

海校学生正在操演太极拳

运动会团体操

海校学生在"通济"练习舰航海舰课毕业合影

（二）后期海军学校

抗日战争爆发，海军学校先迁鼓山，后迁湖南湘潭，再迁贵州桐梓。1946年迁重庆待命，6月又迁南京下关。1947年4月25日奉命与在上海刚创办不久的中央海军军官学校合并迁至青岛，与在青岛的中央训练团合并改称"海军军官学校"，亦称（青岛）海军军官学校。1949年1月，（青岛）海军军官学校南迁厦门，8月再迁台湾省左营。

海校学生经常在川石岛游泳训练

迁贵州桐梓的海校建筑上有"雪甲午耻"四个大字

金家楼
　海军学校贵州桐梓校舍。

桐梓海军学校大门

右侧大房子为重庆山洞海军总司令部

抗战中，马尾海校迁贵州和重庆。因为要塞港湾相继沦陷，黄埔海校裁撤，青岛海校与电雷学校合并迁入四川万县。抗战胜利后，一面东迁在渝的海校，一面在上海龙华路前汪伪中央海军学校旧址成立"海军军官学校"，迁入青岛。至此，在大陆的各地海军军官学校均合并于（青岛）海军军官学校。

（青岛）海军军官学校首任校长由时任国民政府主席的蒋中正兼任，任期为1946年~1947年12月。

第二任校长魏济民，马尾海校第五届毕业，蒋介石的侍从参谋，海军总司

1945年12月海军学校由贵州桐梓迁重庆山洞（隧道）

蒋中正

青岛海军学校

青岛海军学校的前身是1923年成立的葫芦岛航警学校，1927年改名为葫芦岛海军学校。1933年移青岛后改名为青岛海军学校。

沧桑沉浮砺志进

令部副参谋长。任期1947年
12月~1951年4月。
　第三任校长郭发鳌，电雷
学校第一届毕业，任期1951年
4月~1954年5月。
　第四任校长王恩华，电雷
学校第一届毕业。

（青岛）海军军官学校大门
　1947年4月25日在上海的海军军官学校与在青岛的中央训练团
合并，并迁青岛改称（青岛）海军军官学校。

**青岛海校与电雷学校合并迁入
四川万县狮子寨**
　黄埔海校未毕业学生亦归
并在此上课。

（台湾左营）**海军军官学校
校舍之一**

1946年6月16日在上海汪伪
"中央海军学校"旧址成立
的"海军军官学校"

（厦门）海军军官学校
　　1949年1月（青岛）海军
军官学校南迁厦门。

原（上海）海军军官学校校本部大楼

海军军官学校左营校舍之一
　　1949年8月海军军官学校从厦门再迁台湾省左营。

厦门海军军官学校迁台湾高雄成为高雄海军军官学校

马尾的海军大学

　　校址原为海军要港司令部旧址（司令部搬入原船政遗址）。

高雄海军军官学校教学楼之一

南京海军水鱼雷营

　　1935年4月海军大学迁南京草鞋峡海军水鱼雷营。

三、海军大学

1934年在马尾筹建海军大学，校长由海军部长陈绍宽兼，海军马尾要港司令李世甲兼任教育长。

1934年，陈绍宽在"宁海"舰上召集各舰长宣布要办海军大学，决定聘请日本人担任教授。当场就有"自强"舰长方莹表示反对。

当时舰长中资历最深的是国民政府主席林森宗侄林元铨，时任"应瑞"舰长。他联合"宁海"等舰23位舰长联名上书林森，密告陈绍宽"昧于大义，私聘日人为教授，把海军最高教育权委诸敌人，丧权危国"，要求"取消成约，解雇日人"。

当林森收到23位舰长密告陈绍宽书信后，即转行政院长汪精卫处理。汪阅后又批转陈绍宽。陈呈请辞职。后在蒋、汪授意下，林元铨被调任海军军械处处长。陈绍宽被慰留，风波遂告平息。1935年4月，海军大学移南京草鞋峡水鱼雷营内上课，原马尾的海军大学校舍改为私立勤工学校。

陈绍宽

林元铨

"宁海"号

四、私立勤工学校

1935年海军艺术学校停办，海军界公议拟改为私立职业学校，设校董会，以萨镇冰为名誉董事长，陈绍宽为董事长，李世甲为常务董事，陈季良、陈兆锵、陈训泳、林国庚、陈培锟、叶龙骧为董事。初名私立勤工初级机械科职业学校，后改称私立勤工初级工业职业学校。1937年去"初级"二字，校名全称"福建省马江私立勤工工业职业学校"。初派马尾海军造船所工务长萨本炘兼校长，1936年3月，萨因公务繁忙请假，由叶心传代理。6月，校董会聘陈钟新为校长。海军部指令准该校学生在马尾造船所各厂实习。勤工学校虽系私立，但与海军渊源甚深，深得海军支持，办学条件较好，学风亦佳，培养了许多人才。

海军部高级顾问萨镇冰兼任私立勤工学校名誉董事长

海军马尾要港司令李世甲兼私立勤工学校常务董事

私立勤工学校校门

海军部部长陈绍宽兼任私立勤工学校董事长

陈钟新

勤工学校校长，海军飞潜学校第一届毕业生，时任海军少校教官。

化学实验室

礼堂前的甬道

生物实验室

物理实验室

校内工场动力间

校园之一角

校长陈钟新在课外活动中带领学生植树

校内工场车床

学生在钳床实习

勤工学校校内工场铣床

勤工学校教职员

抗战时期1937年9月1日私立勤工学校迁鼓山下院上课，次年6月10日迁尤溪朱子祠。

1939年3月30日在尤溪县文庙演出抗日话剧《血城》等节目。同年7月改校名为"福建省马江私立勤工高级工业职业学校"。

1941年6月9日迁将乐县高滩。

1943年7月福建省府令勤工学校制造滑翔机一架，12月完工。

1944年2月勤工学校受福建省教育厅委托开办"福建省立林森高级商船职业学校"（简称商船学校），一套班子、两块牌子办学。5月，勤工、商船两校在将乐高滩庆祝校庆，并为商船学校补行开学典礼，展出学校承制的福建第一架滑翔机。

1.陈钟新校长 2.许孝焜 3.何东孙 4.杨福鼎 5.李志翔 6.王藏修 7.朱心庄 8.邬德璧 9.梁幼平 10.阙鉴坚 11.饶子范

23.刘庆华 24.王敏修 25.林开文 26.陈少坡 27.陈锦棠 28.张震光 29.陈永章 30.林希琛 31.郑锦熙 32.邵德彬

12.郑大霖 13.李可同 14.徐诗泉 15.陈钟莹 16.刘焘友 17.刘焕章 18.郑寿彭 19.张功 20.任兆贵 21.陈德隆 22.游寿山

尤溪朱子祠

尤溪朱子祠开山书院勤工师生宿舍和办公地点

学生课外活动

  1945年8月，勤工、商船两校迁回马尾，因日军于同年5月19日撤离马尾前，埋炸药炸毁了马尾海军学校、勤工学校等单位，只得另借校舍办学，并重建被战火毁坏的校舍。

  1946年8月，福建省教育厅根据勤工学校董事会建议，将学校收归省办，令勤工、商船两校合并，改称"福建省立高级航空机械商船职业学校"（简称高航学校），陈钟新继任校长。

朱子祠旁篮球场边两棵樟树树龄已800多年

租高滩民房作为校长办公室

勤工学校师生自制的福建第一架滑翔机（中坐者：校长陈钟新）

将乐镇山书院作为学生宿舍

第五节

赴英、美接舰的福州海校出身的海军人员

　　1943年9月，驻美海军中校副武官杨元忠条陈建立新海军计划，建议派海军官兵赴美受训并接收美国赠予的舰艇，经蒋介石同意由驻美武官刘田甫与美方联系，次年秋，美国答应赠送8艘舰艇。同年9月，军委会电驻英海军武官周应聪按美援8舰，向英要求租舰，英政府先答应送三等炮舰1艘，后又赠剩余的巡洋舰1艘、护航驱逐舰2艘、海岸巡防快艇8艘、潜艇3艘（未到），实11艘。军委会遂于同年10月考选赴英、美接舰的海军人

员，计录取赴美的梁序昭等60人，另增派预备军官10人；录取赴英的9人，后又续取邵仑等106人。此外，尚考选赴英、美接舰士兵共约1000人，于1945年分期分批派赴英、美先接受训练，后再接舰。福州海校出身的海军人员被选取的为数甚多。

一、选派赴英接舰的福州海校出身的海军官员

时间	姓名	毕业学校专业届别	备注
1944年10月考选，1945年3月31日抵英	邵 仑 吕叔奋	福州海校航海班2届毕业	1. 本表仅列福州海校出身人员，主要以考选为主 2. 柳鹤图系在英国留学派任 3. 航海班9届尚有钱燧、方振2人，后改派赴美接舰 4. 郑天杰、池孟彬在英国留学派任 5. 陈沪生后以姜瑜替补 6. 刘荣霖在英留学派任"重庆"号第一任副长 7. 航海班9届尚有陈宗孟系留英派任。其他因资料缺乏，难免遗漏
	翰兆霖 林 溥 郑天杰	福州海校航海班3届毕业	
	邵正炎 陈沪生 刘荣霖	福州海校航海班4届毕业	
	刘耀璇 柳鹤图 孔繁均	福州海校航海班5届毕业	
	池孟彬	福州海校航海班6届毕业	
	倪行祺（原名郑恒铮）王道全 周方先	福州海校航海班7届毕业	
	周谨江 王廷栋	福州海校航海班8届毕业	
	何友恪 何鹤年 徐君爵	福州海校航海班9届毕业	
	童才亨 黄肇权	福州海校航海班10届毕业	
	黄 典 张 祁 徐登山 张奇骏	福州海校轮机班5届毕业	
	邓兆祥	贵州桐梓福州海校训育主任	

第二次世界大战后期中国海军第二批全体赴英受训参战军官至英国布莱顿海军后备军人训练中心合影

后排	姓名	张奇骏	宋季晃	吴建安	刘 渊	陈宗孟			
	学历	马尾海校轮机班第5届	马尾海校航海班第8届	马尾海校航海班第6届	马尾海校航海班第8届	马尾海校航海班第9届			
三排	姓名			田敬一	王绶珀	陈景文	朱于炳	宋长志	刘作炳
	学历			青岛海校1940年轮机班乙班	马尾海校造舰班	马尾海校航海班第6届	马尾海校造舰班	青岛海校航海班第4届	青岛海校航海班乙班第5届
二排	姓名			吴本湘	何树铎	欧阳炎	郑振武	铙 翟	刘广凯
	学历			马尾海校造舰班	马尾海校航海班第6届	马尾海校航海班第5届	马尾海校造舰班	马尾海校航海班第6届	青岛海校航海乙班第3届
前排	姓名	刘耀璇	林金铨	张敬荣	池孟彬	叶 漆	欧阳晋	林 立	杭继寿	陈 克
	学历	马尾海校航海班第5届	马尾海校造舰班	马尾海校航海班第7届	马尾海校航海班第6届	马尾海校轮机班第5届	马尾海校航海班第6届	马尾海校造舰班	青岛海校1939年轮机甲班	马尾海校航海班第9届

二、赴英所接各舰

接收"伏波"舰

"伏波"号

柳鹤图

　　1946年1月12日，英国赠送的第一艘军舰"波图尼亚"号，中国改名为"伏波"号，排水量1400吨。同年8月8日回国，12月14日抵南京。1947年3月10日夜被"海闽"轮撞沉，继任舰长姜瑜等130名官兵遇难。

　　"伏波"舰首任舰长，福州海校第5航海班毕业，率舰回国后被海军司令桂永清以其亲信姜瑜替换。

英赠巡防快艇

亦称巡逻艇、摩托江防艇，48吨，长72英尺，吃水3英尺，航速11节，高射、平射两用双联装机枪1座，定员12人。接收回国后归海岸巡防艇队指挥。

英国赠8艘巡防快艇之一

1946年9月接收，因艇小改用商船分装返国，于1947年底抵上海。

接收"重庆""灵甫"舰

1946年2月接舰官兵抵英伦，1947年9月完成学业，1948年5月19日举行交接仪式。

"重庆"号

"重庆"号前身是"奥罗拉"号，亦称"震旦"号，5270吨，长153米，宽15.2米，64000马力，航速32节，双联装主副炮10余座，鱼雷发射管2座，是当时的现代化巡洋舰。

接舰仪式后中国驻英大使登上"灵甫"舰

"灵甫"号

　　"灵甫"舰原名"孟狄甫",是英国赠送的一艘护航驱逐舰,排水量1500吨,航速28节,蒋介石为纪念整编74师师长张灵甫而命名之。新任舰长郑天杰,福州海校航海班3届毕业,留英学航海,是当年驻英大使郑天锡的胞弟。副长池孟彬、轮机长王民彝、航海官刘耀璇、航海大副何鹤年等都是福州海校毕业生。

归国的"重庆"号

　　"重庆"舰舰长邓兆祥（上图右上角）曾任福州海校训育主任（贵州桐梓时期）。副长刘荣霖系福州海校航海班第四届毕业生，由留英学航海调任接舰。

"重庆"号接舰仪式上的仪仗队

交接时"重庆"舰在尾甲板举行升降旗仪式

"重庆"号轻巡洋舰由英归国时舰上军官一览表

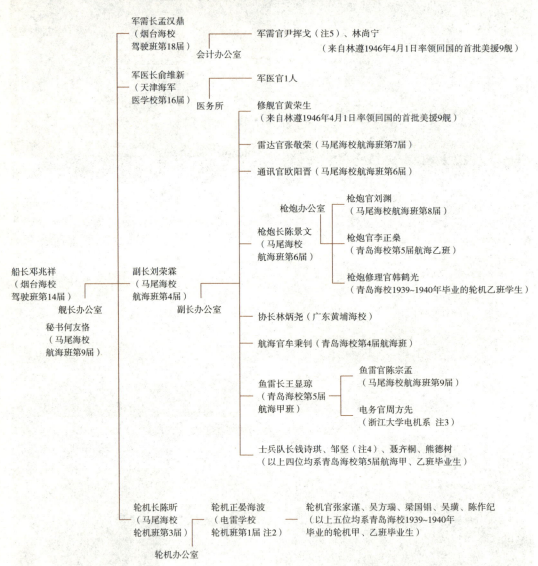

军需长孟汉鼎
（烟台海校
驾驶班第18届）

会计办公室　　军需官尹挥戈（注5）、林尚宁
　　　　　　　（来自林遵1946年4月1日率领回国的首批美援9舰）

军医长俞维新
（天津海军
医学校第16届）

医务所　　军医官1人

修舰官黄荣生
（来自林遵1946年4月1日率领回国的首批美援9舰）

雷达官张敬荣（马尾海校航海班第7届）

通讯官欧阳晋（马尾海校航海班第6届）

枪炮办公室　　枪炮官刘渊
　　　　　　　（马尾海校航海班第8届）

枪炮长陈景文
（马尾海校
航海班第6届）

枪炮官李正燊
（青岛海校第5届航海乙班）

枪炮修理官韩鹤光
（青岛海校1939～1940年毕业的轮机乙班学生）

船长邓兆祥
（烟台海校
驾驶班第14届）

舰长办公室

秘书何友恪
（马尾海校
航海班第9届）

副长刘荣霖
（马尾海校
航海班第4届）

副长办公室

协长林炳尧（广东黄埔海校）

航海官牟秉钊（青岛海校第4届航海班）

鱼雷长王显琼
（青岛海校第5届
航海甲班）

鱼雷官陈宗孟
（马尾海校航海班第9届）

电务官周方先
（浙江大学电机系　注3）

士兵队长钱诗琪、邹坚（注4）、聂齐桐、熊德树
（以上四位均系青岛海校第5届航海甲、乙班毕业生）

轮机长陈昕
（马尾海校
轮机班第3届）

轮机正晏海波
（电雷学校
轮机班第1届 注2）

轮机办公室

轮机官张家谨、吴方瑞、梁国锱、吴璜、陈作纪
（以上五位均系青岛海校1939～1940年
毕业的轮机甲、乙班毕业生）

注1. 本表所列军官凡毕业于烟台、天津、马尾等海军学校者均系原陈绍宽麾下。

注2. 晏海波原系马尾海校轮机班第4届学生，1936年夏，因集体违反校规，除该班班长夏新等3人外，全被勒令照章开除，当时军政部电雷学校校长欧阳格乘机收容了该班包括晏在内的12名非闽籍学员，将他们编为1937年毕业的电雷学校第1届轮机班。

注3. 周方先原系马尾海校航海班第7届学生，1938年夏，海校奉令迁至湖南湘潭，在这期间，他被国民党特宪诱捕，罪名为"共党嫌疑，赤化海校"，先后被关在上饶等地集中营，后因查无实据，才交保释放，就学于浙江大学，1945年春得知海军有出国机会，在其马尾海校同学帮助下，伪称毕业于马尾海校，得以蒙混过关，又回到海军并参加赴英受训接舰。

注4. 邹坚原系马尾海校轮机班第6届（1940年8月该班奉令改为航海班第10届）学生，1937年退学离校，后转入电雷学校，1938年7月电雷学校校长欧阳格被扣押后，该校随之撤销，当时在校学员几经周折，终被青岛海校收容，编为该校第5届航海甲、乙班和1939~1940年毕业的轮机甲、乙班，邹系第5届航海乙班学生。

注5. 尹挥戈具军需官与特务双重身份。

"重庆"号轻巡洋舰起义前夕舰上军官一览表

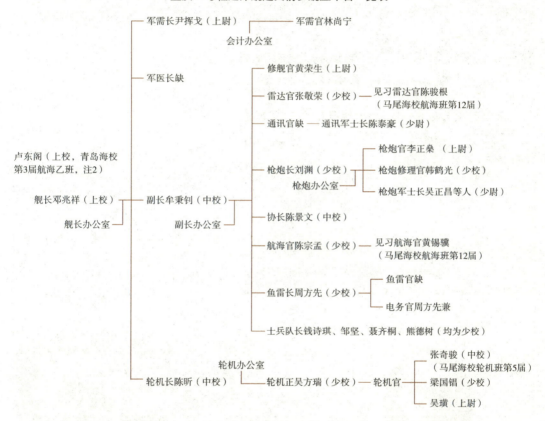

注1. "重庆"号轻巡洋舰自归国之日起，桂永清（系蒋介石亲信，时任海军总司令）就亲自操纵舰上军官的人员调动，积极将其认为忠于蒋的军官安插或准备安插到舰上诸如舰长、副长、军需长、通讯官、士兵队长等要害职位，排斥原陈绍宽麾下军官。

注2. 桂永清在完成重庆舰军官人事大调动后，即派其亲信国民党海军总司令部上校作战处长卢东阁来舰，名为帮助舰上训练，实为准备熟悉情况后，立即取代邓兆祥充当"重庆"舰舰长，未料邓支持舰上进步士兵的起义行动，成功地率舰起义，使桂之阴谋未能得逞，卢东阁也随舰起义。

邹坚（1922~2004），福建建瓯人，马尾海校第九届、海军军官学校航海班5届毕业，留学英国。历任舰长、舰队训练司令部参谋长、台湾海军驱逐舰队司令，"总统府"侍卫长、海军副总司令、总

邹坚将军

司令，副参谋总长兼执行官，"总统府"战略顾问。海军二级上将（左图中立者为邹坚）。

三、选派赴美接舰的福州海校出身的海军官员

时间	姓名	毕业学校专业届别	备注
1945~1949年	高 举　江叔安	福州海校航海班3届毕业	1. 魏济民原任赴美接舰学兵总队副领队
	魏济民　葛世铭　林乃钧	福州海校航海班5届毕业	2. 邓光潴、陈以谋、马滇俊、林巽遒任学兵总队中队长
	李后贤　林鸿炳 曾耀华　邓光潴	福州海校航海班6届毕业	3. 陈在和任"永顺"舰舰长
	甘 敏　陈心华	福州海校航海班7届毕业	4. 福州海校航海班9届尚有卢振乾任"永顺"舰副长，张宁荣任"太和"舰通讯官
	陈在和　陈以谋　李景森	福州海校航海班8届毕业	5. 李作健任"太和"舰副长，钱燧任"太和"舰通讯员
	马滇俊　周正先　李作健 易 鹗　方 振　钱 燧 张孟敳　张宁荣	福州海校航海班9届毕业	6. 刘和谦任"太和"舰枪炮员，秦和之任"太和"舰航海员
	雷树昌　曾幼铭　雷泰元 林蛰生　戴熙愉　戴 勤	福州海校航海班10届毕业	7. 高举任"太康"舰舰长
	秦和之　刘和谦 罗 绮　邱 奇	福州海校航海班11届毕业	8. 陈以谋任"太康"舰通讯官
	张俊民　潘绪韬　叶元达	福州海校航海班12届毕业	9. 雷树昌、雷泰元分别任"太平"舰枪炮官、舰务官
	林巽遒	福州海校轮机班3届毕业	10. 葛世铭、林巽遒、戴勤分任"峨眉"舰航海官、轮机长、通信员
	云维贤	福州海校轮机班4届毕业	11. 曾耀华任"永宁"舰副长
	杨熙龄　陈鸣铮　伍桂荣	福州海校轮机班5届毕业	12. 林鸿炳任"永胜"舰副长
	聂显尧	福州海校轮机班6届毕业	13. 邓光潴任"永泰"舰副长
	林 遵　林祥光　高如峰 陈赞汤　林 蘷　程法侃 江 涵　郎鉴澄	原烟台海校18届，后在福州海校寄读称寄闽班，留英学航海	

本表主要以考选为主，部分留英、留美派任接舰的人员，因材料缺乏，难免遗漏。非福州海校出身的未列入。

四、接收首批美赠8舰

原编号	原名	改名	舰种	排水量（吨）	长（英尺）	宽（英尺）	航速（节）	下水年份
DE-6	Decker	"太康"	护航驱逐舰	1400	283	35	20	1944
DE-47	Wyffels	"太平"	护航驱逐舰	1400	283	35	20	1944
AM-257	Mainstay	"永胜"	扫雷舰	900	180	30	14	1942
AM-258	Magnet	"永顺"	扫雷舰	900	180	30	14	1942
AM-259	Logic	"永定"	扫雷舰	900	180	30	14	1942
AM-260	Lucid	"永宁"	扫雷舰	900	180	30	14	1942
PCE-867		"永泰"	驱潜舰	900	180	30	14.5	1943
PCE-869		"永兴"	驱潜舰	900	180	30	14.5	1943

赴美接舰官兵中马尾海军学校毕业生：

"永顺"号军士长张增福，马尾海军练营、美国海军训练团帆缆科，闽侯人。

"太康"号军士长郑锒昌，马尾海军练营、美海军训练团帆缆科，林森县人。

"峨眉"号三等通信员戴勤，马尾海校航海班10届肄业，美海军训练团防潜科，江苏如皋人。

"峨眉"号轮机长林巽遒，马尾海校轮机班3届，美国海训班，闽侯人。

美、中签字移交军舰仪式

美赠8舰之"太康"号护航驱逐舰

美赠8舰之"太平"号护航驱逐舰

赴美接收"太康"舰之中国海军官兵

赴美接收"太平"舰之中国海军官兵

"太康"号舰长高举，马尾海校航海班3届，意大利海军军官班、德国海军潜艇班、美国海军训练团，林森县人。

海军训练团训练科舰课股长林乃钧，马尾海校航海班5届，美国海军训练班，林森县人。

"永宁"号副长曾耀华，马尾海校航海班6届，美国海军训练团，长乐县人。

"永胜"号副长林鸿炳，马尾海校航海班6届，美国海军训练团，广东文昌人。

"永泰"号副长邓先涤，马尾海校航海班6届，美国海军训练团军官班，湖南长沙人。

"峨眉"号航海官葛世铭，马尾海校航海班5届，美国海军训练团，林森县人。

海军总司令部四署二处科员陈在和，马尾海校航海班8届，美国海军训练团航海班，林森县人。

"太康"号通讯官陈以谋，马尾海校航海班8届，美国海军训练团军官班，林森县人。

"太平"号枪炮官雷树昌，马尾海校航海班10届，美国海军训练团军官班，河南开封人。

"太平"号舰务官雷泰元，马尾海校航海班10届，美国海军训练团航海班，广西南宁人。

美赠8舰之"永胜"号扫雷舰

美赠8舰之"永顺"号扫雷舰

美赠8舰之"永定"号扫雷舰

美赠8舰之"永宁"号扫雷舰

赴美接收"永胜"号之中国海军官兵

赴美接收"永顺"号之中国海军官兵

舰长陈在和、副长卢振乾系福州海校航海班8届、航海班9届毕业生。

赴美接收"永定"舰之中国海军官兵

赴美接收"永宁"舰之中国海军官兵

美赠8舰之"永泰"号驱潜舰

沧桑沉浮砺志迸

美赠8舰之"永兴"号驱潜舰

赴美接收"永泰"舰之中国海军官兵

赴美接收"永兴"舰之中国海军官兵

五、赴美接收第二批赠舰

根据美国国会通过的第512号法案，美国将护航驱逐舰等271艘舰艇无偿转让中国，1946年7月美国还赠送一艘最大的军舰"峨眉"号护送8舰回国，中国政府任命梁序昭上将为舰长。下面是美国转让的其他舰艇，其中的登陆舰，中国以"中美联合"四个字作为舰名之首。中国海军在青岛设接舰培训班，分批派海军官兵赴美接舰。

美国转让舰艇的种类

舰种	流动船坞	修理船	驱逐巡逻舰	扫雷舰	驱潜舰	登陆舰（艇）	油船	调查艇	摩托炮艇	浮筒及轻型渡船
数量（艘）	2	2	2	24	28	193	3	3	6	6

注：接收时发现大多是已经报废或快要报废的超龄、退役的舰船。有的已不能修理。

中国接收的其他舰艇

舰种	舰名	数量及排水量（吨）	备注
战车登陆舰	"中海" "中权" "中鼎" "中兴" "中建" "中业" "中训" "中基" "中程" "中练"	10艘，各重4000吨	截至1948年9月止
中型登陆舰	"美珍" "美乐" "美颂" "美益" "美明" "美盛"	6艘，各重900吨	截至1948年9月止
步兵登陆艇	"联珍" "联璧" "联光" "联华" "联胜" "联利"	6艘，各重380吨	截至1948年9月止
坦克登陆艇	"合众" "合群" "合坚" "合永" "合诚"	5艘、各重279吨	截至1948年9月止
护航驱逐舰	"太和" "太仓" "太湖" "太昭"		1949年4月"太和""太仓"抵上海，后2艘抵达时上海已近解放
浮船坞	2艘，一在厦门，一在青岛	各重9000吨，载重3000吨	1948年2月接收

"美"字号舰"美珍"号（LSM431）

743吨，12节。1946年5月抵华。同型舰有"美颂""美平""美乐"等舰，系中型登陆舰。

美国无偿转让的部分登陆舰
　　分别以"中美联合"四个字作为舰名之首。

在厦门接收的美赠浮船坞

美赠的"太仓"号护航驱逐舰

"合"字号舰"合风"号（LCU405）
　　158吨，10节。同型的有17艘，系小型登陆艇。

"联"字号舰"联胜"号

系步兵登陆艇，380吨。
同型的有"联珍""联璧"
"联光""联华""联利"等。

**"中"字号舰"中帮"
号（LST230）**

1653吨，11.6节。同
型舰20艘。

美赠最大的一艘军舰"峨眉"号

原名"玛咪"（Maumee）。1.47万吨，长475英尺、宽56.5英尺、吃水27英尺，舰上
建有小型船坞，可修理小型艇。

美赠的护航驱逐舰之一"太和"号

　　1240吨，20节。1949年1月11日由舰长何乃诚率"太和"舰起锚回国。4月15日到达上海黄浦滩码头。同型舰有"太湖""太昭""太仓"号。该舰副长李作健、通讯官张宁荣、通讯员钱燧、枪炮员刘和谦、航海员秦和之等均系福州海校航海班毕业生。

美赠的"太湖""太昭"号护航驱逐舰

第二章 在废墟上崛起的福州船政和船政学院

第一节

重新崛起的马尾造船厂

新中国诞生后，海军马尾造船所被军事接管，后改名为马尾造船厂。这个当年远东最大的船政造船基地，经历了近百年风霜，几乎只剩下一片废墟。从1949年8月到现在从体制上经历了5个阶段，全厂上下在废墟里矢志振兴，特别是改革开放30年来，依靠科技发展生产，取得了前所未有的发展。

一、军管阶段（1949.8~1958.3）

1949年8月16日马尾解放，解放军10兵团28军第一大队进驻海军马尾造船所，实行军管。召集工人参加0019部队前线流动修船点，支援部队解放闽浙沿海岛屿的战斗。次年到1952年马尾造船所改作福建军区后方勤务学校。1953年1月，福州军区在马尾造船所设水兵师车船处。1954年1月前线流动修船点（亦称修船一厂）迁回马尾造船所，开始重建。同年10月，福建水兵师修船一厂改称福州军区后勤部

船管处修船一厂，直至1958年3月被福州军区移交省交通厅，4月改称"马尾造船厂"。

生产任务：

1. 主要修造小型木质机帆船。

2. 修理船用机器。

3. 1955年建成50吨船台1座，造出50吨级机帆炮船，配可升降的105毫米大炮1门。

4. 1956年建造30吨渔船1艘。

5. 1957年造260吨以下船舶6艘。

军管阶段工人仅200余人，生产能力低下。

改革开放后矗立在马尾的船政雕塑

军管阶段主持人

时间	名称	职务	姓名	备注
1949.8~1950	0019部队前线流动修船厂			人民解放军28军第一大队管辖
1950~1952	福建军区后方勤务学校	校长 副校长	蔡长峰 赵静尘	
1953.1~1954	福州军区水兵师车船处	政委	许荣	
1954.6	福建水兵师修船一厂	厂长	张鉴	
1954.10~1958.3	福州军区后勤部船管处修船一厂	厂长 党委书记	张鉴 王汉章	王汉章于1956年4月到任

二、省交通厅航运管理局管理阶段（1958.4~1969）

1958年3月福州军区将马尾造船所移交省交通厅，4月省交通厅将福州港务局船舶修造厂（又称下游厂）合并到马尾修船一厂，组成"福建省交通厅航运管理局马尾造船厂"（简称"马尾造船厂"），生产略有起色，职工人数增至2000余人，但到困难时期（60年代）生产又压缩，职工减至800人。1963年恢复生产，不久"文化大革命"爆发，生产又停滞。1969年改归省交通厅直辖，又并入两家小造船厂，改称"福建省马尾造船厂"。

马尾造船厂旧厂门
石狮系原船政衙门前的遗物。

1964年5月修复的二号船坞（2000吨级）

马尾造船厂生产的600马力拖轮

航管局管理阶段主持人

姓名	职务	任职时间	备注	姓名	职务	任职时间	备注
张 鉴	厂 长	1958.4~1964	1.1964年6月，张鉴调离，王茂林任厂长兼党委书记（《船政大事记》） 2.王汉章另说任副书记 3.陈庆福任厂长兼副书记，至1968年止	张福胜	副书记	1959~1963	1.王茂林兼任副厂长 2.1968年10月9日中共海军福建基地后勤部委员会批示：同意成立"福建省航运管理局马尾造船厂革命委员会"，由军代表岑杰任主任
王汉章	书 记	1958.4~1959		程茂鼎	副书记	1961~1968	
严孝亮	书 记	1960~1962		赵 进	副书记	1963~1964	
陈庆福	副厂长	1958~1964		李达泉	副书记	1964~1965	
陈庆福	厂 长	1964~1968		王茂林	副书记	1964~1969	
李相芝	副厂长	1958~1962		岑 杰	主 任	1968~1969	
李舒平	副厂长	1958~1968		张言顺	副主任	1968~1982	
张福仁	副书记	1959~1960		郑一通	副主任	1968~1973	

1958~1969年马尾造船厂生产业务情况

日期	所造船名	船型	吨位（吨）	数量	日期	所造船名	船型	吨位（吨）	数量
1958	"安和""安平""天津"	小货船货船	250~300 300	2 3	1965.1	"码头"方舟	钢筋混凝土，长32.3米，宽7.5米，深12.5米		1
1959	"港龙"其他	交通艇	50	1 11	1965.3	"204"	木结构交通艇		1
1963.5	公安巡逻艇	钢木结构，长16.685米，宽3.5米，深1.85米，吃水0.9米		3	1965.11	"闽海167"	钢丝网水泥质沿海货轮，吃水3米	571.28	1
1963.8	"闽渡7"	钢质轮渡方舟，长38.56米，型宽7米，吃水1米	144	1	1966.9 1966.11 1966.12	"闽渡10" "闽渡107" "闽渡11"	钢质轮渡方舟钢质沿海货轮	144 600 83	1 1 1
1963.9 1963.12	"闽渡8" "闽渡9"	钢质轮渡方舟，长30.56米，型宽7米，吃水0.9米	83	1 1	1967.2 1967.7 1967.12	"榕港驳201" "榕港驳164" "榕港驳165"	钢丝网水泥船，港口货驳	102 144 144	1 1 1
1963.12	"渡一" "渡二" "渡三"	钢丝网水泥质渡口拖轮，长15.06米，宽3.4米，深1.1米，吃水0.8米	18.3	1 1 1	1968.1 1968.5	"闽渡12" "闽渡12"	钢质轮渡方舟钢质渡口拖轮	144 32.5	1 1
1964.4 1964.10 1964.12	"201" "202" "203"	木结构交通艇		1 1 1	1969.1 1969.5 1969.11	"闽渡13" "闽渡14" "上供煤1"	钢质轮渡方舟钢质机动干货驳	144 144 60	1 1 1

三、省交通厅直辖阶段（1969~1982）

　　1969年，马尾造船厂虽从航管局改归省交通厅直辖，但此时仍在"文化大革命"时期，领导人不称厂长，仍称厂革委会主任，原主任岑杰调出，由尹文恒任主任。次年3月，由于英川任军代表小组组长、杨木荫为党委副书记，直至1971年1月才启用"福建省马尾造船厂革命委员会"公章。此时，琯头分厂已并入马尾厂，工厂规模略有扩大。1978年8月6日开始启用"福建省马尾

马尾造船厂东大门

造船厂"公章，同年11月，党的十一届三中全会召开，国家步入改革开放新的历史时期，在这重要的转折点，由于马尾造船厂自创办以来始终是官办企业，按上级指令从事生产，难以适应新的形势，生产滑坡。1982年，工厂年工业总产值445万元，亏损额近200万元。

省交通厅直辖阶段主持人

姓名	职务	任职时间	姓名	职务	任职时间
尹文恒	主任	1969~1973	何 山	副书记、副主任	1973~1975
于英川	军代表组长	1970~1971	刘福胜	代书记、主 任	1975~1979
杨木荫	副书记	1970~1973	陈赐官	副书记、副厂长	1975~1984
廖福元	副主任	1970~1974	肖贞文	副厂长	1975~1984
何若人	副主任	1970~1971	刘树松	副书记	1978~1982
王健弟	副主任	1971~1975	索 维	书 记	1978~1982
李 政	副主任	1972~1978	丁宝元	副厂长	1978~1982
杨锡荣	副主任	1972~1975	田毓民	副厂长	1979~1982

1970~1982年生产情况

日期	所造船名	船型	吨位（吨）	数量	日期	所造船名	船型	吨位（吨）	数量
1970.1	"上供煤4"	钢质机动干货驳	60	1	1978.11	"Q708S"	719型侧壁气垫艇	70	1
1970.6	"闽渡16"		144	1	1978.11	"622"	沿海油轮（七）		1
1970.10	"闽海318"		60 客位100	1	1978.12	"623" "560"	沿海油轮（八） 沿海油轮（九）		1 1
1972.4	"闽海169"		884	1	1979.3	"1501"	沿海油轮（十）		1
1972.7	"闽渔301" "闽渔302"	钢质灯光围网渔船 钢质灯光围网渔船	416 416	1 1	1979.6	"闽桩2"	压桩船	906	1
1972.12	"闽海105"		1500	1	1979.8	"1003"	沿海油轮（十一）		1
1973.12		钢质对拖渔轮	400马力	3	1979.9	"闽海5"	沿海油轮（十二）	1000	1
1973~1974	"古田"	钢丝网水泥质沿海货船	5773	1	1979.11	"滨海601"	沿海油轮（十三）		1
1974.10	"615" 对拖渔轮（四）	钢质对拖渔轮		1	1979.11	"浙江一"	沿海油轮（十四）		1
1974.12	"闽海407" 对拖渔轮（一）	钢质对拖渔轮	350	1	1980.2	"烟救油1"	沿海油轮（十五）		1
1975.5	"湛121" "浦江二"	钢结构沿海油轮	1000	1 1	1980.3	"562"	沿海油轮（十六）		1
1975.8	"闽海112"	钢结构沿海货轮	400	1	1980.4	"595"	沿海油轮（十七）		1

续表

日期	所造船名	船型	吨位（吨）	数量	日期	所造船名	船型	吨位（吨）	数量
1975.11	"闽海113"	钢结构沿海货轮			1980.6	"626"	沿海油轮（十八）		1
1975.12	"闽海114"	钢结构沿海货轮			1980.7	"鼓浪屿"	过渡方舟		1
1975.12	"729"	沿海货轮（二）	400	1	1980.11	交通艇	泰宁县订制		1
1976.3	"728" "735"	沿海货轮（一） 沿海货轮（六）	400	1 1	1980.12	二号拖轮（一）		65.8	1
1976.6	"736"	沿海货轮（七）	400		1980.12	"闽渔拖二"	拖轮（二）		1
	"马尾厂三"	拖轮			1981.8	"闽港工驳3"	工程方驳（一）	625	1
1976.7	"闽渔408"	对拖渔轮（二）		1	1981.8	"榕港驳312"	舱口驳（一）	300	1
1976.9	"737"	沿海货轮（八）	400	1	1981.11	"榕港驳313" "榕港驳314" "榕港驳315"	舱口驳（二） 舱口驳（三） 舱口驳（四）	300 300 300	
1976.12	"226" "227"	沿海货轮（九） 沿海货轮（十）	400	1 1	1981.12	"闽海229" "闽海120" "榕港驳316"	沿海货轮（一） 沿海货轮 舱口驳（五）	500 500 300	1
1977.7	"闽海油三"	沿海油轮（三）		1	1981.12	"榕港驳317" "榕港驳313" "闽港工驳4"	舱口驳（六） 舱口驳（七） 工程方驳（二）	300 300 625	1 1 1
1977.12	"闽海油一"	沿海油轮（四）		1	1981.12	"榕港202" "榕港203" 汽轮渡	内河拖轮（一） 内河拖轮（二）	46.1 46.1 45	1 1 1
1978.5	"苏油一"	沿海油轮（六）		1	1982.12	"客1"	马尾船， 载客552人	175	1

"古田"号

　　1974年12月完工的钢丝网水泥质沿海货轮，排水量5773吨，功率1956千瓦，航速13.5节，是中国当时最大的机动水泥船。

满载排水量70吨的719型Q708S侧壁气垫艇

1000吨沿海货轮

700吨沿海货轮"华兴"号

"闽海5"号
　　沿海油轮，1979年9月完工，排水量1000吨。

"闽桩2"号压桩船

274米舾装码头

1970~1982年马尾造船厂兴建项目

项目名称	兴建日期	备注
扩建5000吨级船台	1970.8~1972.12	
扩建1500吨级船台	1970~1971.12	配250吨吊车1台
简易宿舍、食堂、后山职工宿舍4座、水泥仓库等	1971年12月建成	
锻工车间、舾装木工工段、电机器材仓库、油库、钢材仓库等	1972年5月建成	
意大利滚齿机1台	1972	机修车间引进
舾装码头	1973.10~1975.12	
船体加工车间	1973.12~1976.12	
轮机车间	1975年12月建成	
材料仓库及3座职工宿舍	1975年12月建成	
铸钢工段（车间）	1977年9月建成	
制氧站	1977年12月建成	
铁路专用线（长1000米）	1978年12月建成	
舾装码头附属工程40吨高架吊车	1978年12月建成	
理化计量办公楼（共5层，亦称中心实验和办公大楼）	1980年3月建成	
码头15吨高架吊车	1981年7月建成	

2000吨级船台

40/10吨×20/30米高架吊车

实验中心和办公大楼　　　　　　　　　　扩建的船台

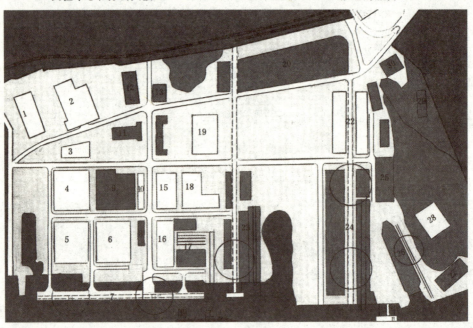

厂区示意图

　　1. 铸造工场：Foundry Workshop；2. 车库：Garage；3. 锻造工厂：Forge Workshop；4. 舾装冷作工场：Cold Steel Outfit Workshop；5. 舾装木作工场：Carpenter Outfit Workshop；6. 轮机加工工场：Turbine Processing Shop；7. 舾装码头：Outfit Wharf；8. 生产办公楼：Production Office Building；9、25.仓库：Store House；10. 热处理工场：Heat Treatment Workshop；11. 职工食堂：Staff Canteen；12. 招待所：Hostel；13. 幼儿园：Kindergarten；14. 实验中心和办公大楼：Cental Laboratory and Office Building；15. 船机修配工场：Machine-repairing Workshop；16. 管子加工工场：Pipe Processing Workshop；17. 3#船台滑道区：No.3 Berth and Slipway Area；18. 动力、设备维修工场：Equipment Repairing Workshop；19、20. 钢材堆放和预处理区：Steel Plate Stack and Pretreatment Area；21. 铁路专用线：Special Railway Line；22. 船体装备工场：Hull Assembling Workshop；23. 2#船台生产区：No.2 Berth Area；24. 1#船台生产区：No.1 Berth Area；26. 船坞：Dry Dock；27. 修船工作室：Ship-repairing Working Office；28. 制氧站：Oxygen Generating Station；29.动力变压站：Transformer Substation；30. 技工学校：Technical School。

第二节
船政发祥地的第二次腾飞

一、福州（马尾）经济技术开发区

中华人民共和国诞生后，春风又绿马江畔，在中国共产党的领导下，沉寂了百年的马尾古港，逐步走向了现代化。历史再一次把机遇赋予了马尾，1985年1月23日，国务院批准在马尾设立对外开放并享有特殊优惠政策的首批14个国家级开发区之一。其后又先后设立了国家级台商投资区、保税区和高科技园区。马尾成为福州市对外开放的"窗口"和向内辐射的"枢纽"，在闽江口经济圈的腾飞中，日益发挥着重要作用。

马尾"福州经济技术开发区"的区标

（一）福州（马尾）台商投资区

福州（马尾）台商投资区是国务院批准设立的全国仅有的两个台商投资区之一，1989年5月设立，占地1.8平方千米。近年来，台商竞相落

马尾罗星塔前旧貌换了新颜

集工业、航运、商贸、旅游、休闲于一体的现代化园林式港口新城雏形

今日马尾的君竹路

现代化园林港口新城侧影

在马尾设立的"福州经济技术开发区"是14个国家级开发区之一

马尾"福州经济技术开发区"一角

海关人员正在操作中国首台钴–60集装箱检测系统

1996年8月国家交通部批准福州港作为海峡两岸定点直航试点口岸

全国十大集装箱港口之一的福州（马尾）港

以开发高新技术产业为主导的快安小区已经
成为福州经济技术开发区新的经济增长点

马尾唐代古桥——迥龙桥

马尾旧镇新貌

今日马尾已成为福建及东南沿海进出口物资的重要集散地

马尾古港遗迹之一

福州（马尾）经济技术开发区污水处理厂

马尾海关正以崭新的姿态迎接海内外广大客商的到来

马尾古港遗迹之二

户、投资兴业。投资区建有许多台商别墅，是全国台资企业最集中的地区之一。

海峡两岸地缘相接、血脉相亲、语言相通、物候相似，马尾港距台湾基隆港仅149海里，朝发夕至，是两岸交通运输的黄金水道。

几年来，工行、农行、建行、中行、兴业银行及人保、太保、平保等金融保险单位相继在开发区设立分支机构，为中外客商提供金融服务和财产保全服务。

电子枪车间

中华映管（福州）有限公司
大型台商独资企业，斥资4.3亿美元，兴建显示器、显像管项目。

"福州经济技术开发区"金融保险机构

福州（马尾）台商投资
区一角

福州（马尾）台商投资
区一角

马尾的台商别墅区一隅

坐落于马江江畔的中国近代海军博物馆（后扩建并改名为"中国船政文化博物馆"）已成为开发区爱国主义教育基地

快安延伸区一角

中国钢铁制品有限公司

中国电子企业百强之一的实达集团

新加坡升兴集团

保税区台货专用堆场

错落有致的现代化工业厂房

韩国二和金刚有限公司

（二）福州（马尾）保税区

福州（马尾）保税区是目前中国开放度最高的区域，1992年11月经国务院批准成立，面积1.8平方千米，类同国外的自由贸易区和自由港，一批跨国公司或财团相继在保税区投资，进出口贸易已形成规模，转口贸易扩展到日、韩、东南亚及南美，成为进出口物资的重要集散地。

海关监督楼

福州（马尾）保税区

一批在国际上有较大影响的如日本东京丸株式会社、日本丸红株式会社、法国人头马公司、泰国正大集团等企业已在此落户。

福州（马尾）保税区一角

（三）福州（马尾）高科技园区

1988年创办，并于1991年经国务院批准。园区立足于高起点，积极推进高新技术产业化，目前已有上百家高新技术企业在区内落户，开发出许多国家级和省级的"火炬"项目，初步形成了机电、电子、信息、生物工程和新型材料四大行业体系，并引进国内外各类先进设备，技术含量的综合指标达到国内先进水平。

全国最大的人工肾透析器生产企业——尼普洛公司

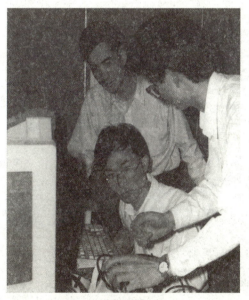

实达集团的科研人员

中国钢铁制品有限公司

亚洲仿真控制系统（福建）有限公司

新北生化有限公司

福建JVC电器有限公司

福建革新机器厂

福州金匙摩托车有限公司

福建瑞闽铝板带有限公司

福建正大振华851生物工程有限公司

二、造船工业突飞猛进的发展

2001年12月，古老的马尾造船厂成功进行股份制改革，成立了以多元投资为主体的福建省马尾造船股份有限公司，迈出了新的发展步伐。

液压开体泥驳

1988年，马尾造船厂制造2艘1000m³液压开体泥驳，载重800吨，吃水3.6米，6月交付香港太元船厂使用。

"江海1"号

1988年马尾造船厂制造的5000吨江海联运直达货轮。

沧桑沉浮砺志进

马尾造船公司为欧洲船东建造的700箱集装箱船下水瞬间

马尾造船厂为德国建造的万吨轮下水仪式

出口瑞典、荷兰的17600吨干散货轮

出口德国的700箱集装箱
货船
德图OPDR远洋公司订
制,2002年6月26日交船。

出口印尼的250人居住的驳船

出口新加坡的3000吨成品油轮

700箱集装箱船

出口卡塔尔的58米多用途供应船

"海供油301"号

　　1984年5月制造，排水量4493.2吨，航速11.63海里/时，载油量3194.28吨，续航力520海里。

　　1986年，马尾造船厂与荷兰IHC公司友好合作，成功建造具有80年代世界水平的2300m³耙吸式挖泥船，该船设备先进，自动化程度高，疏浚系统均为液力驱动，操控集中，适用于各种泥质的挖掘作业。

2300m³耙吸式挖泥船"闽浚2"号图一

"闽浚2"号图二

"重任506"轮

中国最大海驳，吃水5米，长90米，宽、深均为26米，马尾造船厂1987年10月制，可装20英尺的集装箱96只。

1987年为香港用户制造4艘141英尺集装箱起重驳船

400T油压机

1983年马尾造船厂成功首制福建造船史上最大吨位的5000吨级近洋散装货轮"盖山"号，继又建造出获省优部优产品称号的5000吨级近洋干货轮"红旗154"轮和"安堡"轮、5000吨级海驳"重任506"轮和国内第一艘5000吨级江海联运直达货轮"江海1"号等船。

马尾造船厂新增设备：

"盖山"号下水

1983年马尾造船厂下水的第一艘5000吨级散装货轮。1984年4月首航日本。

高压无氧喷涂作业

大型立式镗床

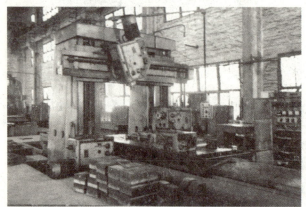

龙门刨床

"黄鼠狼"切割机

单臂镗铣床

φ1300×13000mm大型车床

φ2500mm立式车床

数控切割机

年产20000吨的钢材自动预处理生产线

12000mm×80mm刨边机

φ2×20m蒸汽煅烧炉

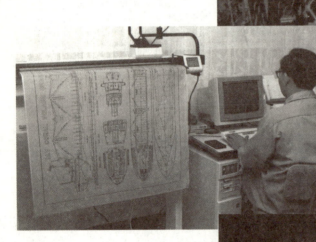

微电脑制图

SQ剪板机

单臂刨床

20000载重吨级船台

3000载重吨级船台

15000载重吨级船台

35000载重吨级船台

舾装码头（345米）

100吨、150吨高架吊车

200吨龙门吊车

涂装房

钢板预处理生产线

10500吨（834箱）集装箱货船

32000吨运木散货船

70米平台供应船

等离子水下切割机

150吨液压升降运输车

32000吨"武夷山号"木材运输船

7300吨集装箱滚装船

第三节

走向辉煌的船政学院

1949年8月17日福州解放,人民政府派员接管高航学校。同年11月,高航学校13个班从马尾迁福州鼓东路原佑民小学及庆城寺、闽王祠等处办学,另7个班仍留马尾,设罗星塔分校。

陈钟新

1951年10月福建省文教厅根据全国院校调整方案决定高航学校停办。造船、轮机、航空机械三科师生及设备正式并入省立高工学校,航海科并入集美水产航海学院,后来又将造船科师生及专用设备调归刚成立的上海船舶工业学校。校长陈钟新先调厦门集美航海水产学院任教授,1954年调武汉河运学院任教授。1955年8月因受"左"的压力影响在武汉投江自杀,年仅56岁。他是一位学者,虽有海军中校军衔,但一向从事教学工作。噩耗传来,他的学生无不深感惋惜。

1981年5月,勤工、商船、高航三校校友在福州集会,庆祝校庆,推举魏树桑等代表广大校友写信向中共福建省委、省政府建议复办"福建马尾商船学校",次年5月,省人民政府批准省交通厅开办福建马尾商船学校(简称马尾商校)。显然,这是新办学校,不是复办。由交通厅拨款作为开办费，省航运技工学校党支部书记王友顺和校长蔡联泰兼任副校长。10月4日陈庆福出任校长。6日在马尾国际海员俱乐部举办开学典礼。

1983年2月，省交通厅决定马尾商船学校和航运技工学校合并办学，一套班子、两块牌子，次年又将"古田"号水泥船拨给学校作为实习船。

1985年8月8日马尾商船学校和省航运技工学校分开办学，马尾商船学校初借用航运技校新校舍办学，不久，迁入新民村35号民宅办学。

1986年12月23日，马尾商船学校与马尾造船厂联合举办120周年厂庆庆祝活动，并举行"纪念马尾船政创办120周年学术讨论会"。马尾商船学校自定校庆日由每年5月1日改为12月23日。

福建马尾商船学校挂校牌仪式

福建船政学校校标

勤工、商船、高航学校校标

罗星塔下的马尾港

"古田"号实习船

1988年5月27日，马尾商船学校更名为"福建船政学校"。次年4月1日，柯尚德任校长兼党支部书记。12月9日，省政府同意学校征用福州市仓山乡霞湖村耕地第一次58.96亩、第二次17.04亩作为建设用地，并于12月23日在霞湖村举行校址定址仪式。1994年学校迁建工程完成一期基建任务，从马尾迁入仓山新校舍办学。随后完成了新校园二期基建任务，完善了办学条件。今天的船政学校师生正沿着船政先贤的足迹迈向未来，创造辉煌的明天。

1999年船政学校与福建交通学校等合并升格为"福建交通职业技术学院"。

福建船政学校学生在船上实习

福州仓山福建船政学校大门

福建船政学校的"船政"号实习船

船舶操纵实习

划艇训练

船政学校学生在海上实习

航海实践教学

轮机工程实践教学

在"古田"号上实习

轮机实习

福建省交通厅领导参加福建船政学校大门落成典礼

航海训练模拟器

原福建省交通干校旧校门

三、合并成立福建交通职业技术学院

　　1999年经中华人民共和国教育部批准，福建船政学校、福建省交通干部学校、福建交通学校、福建公路技工学校四个中专职校合并升格成立"福建交通职业技术学院"（大专）。

原福建交通学校大门

福建交通职业技术学院大门

2006年，福建省交通厅厅长谢兰捷（右）和沈斐敏教授（院长）（左）为福建交通职业技术学院揭牌

排下校区

福建交通职业技术学院校标

大黑圈为方向盘，船体上的1866，表明学校悠久的办学历史。船体上的书籍表示工读并重、融汇古今、学贯中西。船头海浪，表示学院打破常规，不断前进的发展前景。

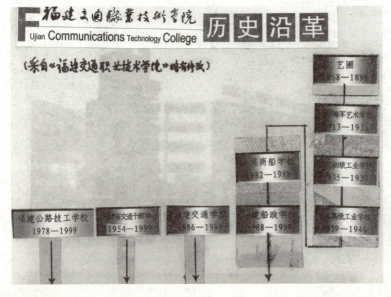

福建交通职业技术学院历史沿革（采自《福建交通职业技术学院》，略有修改）

福建交通职业技术学院教学楼、校友楼

北区电教楼一角

南区管理系教学楼

福建交通职业技术学院成立大会主席台

图书馆

土建系教学楼

校友之家
　内设船政史馆。

航海系教学楼

2005年5月船政文化研究所成立

2006年12月23日举行船政学院挂牌仪式

福建交通职业技术学院船政文化研究所成立挂牌仪式（左一为沈岩所长）

热烈庆祝福建交通职业技术学院建校140周年

2004年5月20日，中共中央政治局常委、书记处副书记、中宣部部长刘云山到马尾造船公司考察船政文化史迹。他对船政艰苦创业、为国图强；崇尚科学、勇于变革，励志进取、精益求精，博采众长、科教创新，反对侵略、忠心报国的五种精

省、市船政文化专家在一起研讨船政文化

神给予肯定，强调要保护好，开发好、建设好船政文化资源。中宣部副部长胡振明陪同考察。

校领导到机场、火车站迎接海内外老校友回校参加庆典

庆祝建校140周年盛典主席台

文娱晚会

省、市领导出席学院纪念大会

船政文化知识竞赛

福建省交通厅领导参观船政校史馆

征引参考书目举要

本章文字资料及部分图片系笔者至交马尾造船厂船史专家林樱尧撰写、提供。大部分图片经他同意翻拍自他参与制作的马尾造船厂、马尾造船公司及协作企业的宣传广告刊物，在此特向林樱尧同志表示谢忱。